大"艺"思

黄伟明 著

思考 艺术 城市

CITY RETHINK

自序

距离上一次出版的"背影系列"也快要3年了,在我整理这本近两年撰写的评论的时候,又一次感受到了一种新的成长。

在这本小集子里,汇集了我写的有关于城市创意设计、城市建筑规划、艺术创客等现象作出的不到千字的评论文章,其中每一篇都是立足于大的城市设计、规划和美术概念,从观察、思考、批评等多方角度,来表达我对艺术与城市之间密切关系的一些想法与建议,故定题为"大艺思"。

在这些言论中,有不少是关于城市创意设计的话题,比如《首相意识》就以英国设计创意的成功发展为鉴,对英国前首相布莱尔实现承诺,将伦敦打造成为"设计之都""创意之都"背后的原因进行了解读。从1997年起,布莱尔一直亲自担任着"创意产业特别工作组"主席,却始终"执着"地抓着创意产业这一"小"块不放。他能让伦敦成为"设计之都",离不开对城市发展细节的高度重视,他让创意真正成为市民生活的一部分,而全民参与的普遍性正是我们所缺的。这也让我看到了决策者在城市创意设计中的重要作用,决策者要懂得重视享受创意过程带来的快乐和美好体验,而不太在意创意带来的经济利益,才有可能使上海成为更名副其实的"创意设计之都"。

另外，我也有不少评论是有关城市建设规划态度的反思。在《怎能缺"细"》《细节绳之》等文章中，提到了城市建设规划中"大美术"的作用远远不止是艺术展、设计展，更是涵盖了整个社会生活的方方面面。面对严重的城市老龄化，我们应该让这些老人成为艺术消费的重要人群，发掘他们的潜力，让艺术全民化逐渐成为上海的特色。要做到这个程度，我们现有的设计规划还远远不够，还需要在更多细节上更执着一些、精益求精一些。可以说，我们的城市建设规划艺术化程度并不低，但却还未能达到最一流的水平，这就需要我们在思考过程中更加较真一些，才能真正让设计符合老百姓的胃口，让全民艺术素养提高。

此外，最近正热门的"创客"及"创客+"也是我关注的重点话题，在城市话题中，作为创意设计主体的还是那群具有创新意识的人，而创客文化近年来在上海飞速发展，也让人意识到未来城市创意的发展趋势正在向轻松化、简单化、多元化、系统化发展。可以说，上海未来的时尚正需要这些创客来引领。而更新鲜的"创客+"理念更是将创客概念的内涵提升到更广泛的范围内，覆盖到"大美术"观念之外的更多领域，成为了一种新型的文化理念。相信在未来我也将继续观察这个现象，思考上海城市设计的新方向。这些汇集了我在社会各方面观察与反思的评论，尽管寥寥数语，却让我有机会道出自己对于艺术之于上海城市发展变化的重要影响，也是希望能够不断地给决策者、设计者以及普通老百姓一些灵感与启示，让更多人一起参与到大的城市美术概念反思中来，一起探索城市未来的发展。将这些"大的艺术思考"汇成一册，也希望借此纪念我自己从事新闻工作32周年。

目录

淡定优美 /001

拒绝戏说 /023

还是尺度 /003

小点三题 /025

配角地位 /005

地图境界 /027

不必招摇 /007

消费不起 /029

如何改造 /009

艺术日常 /031

「凝」神于意 /011

平等参与 /033

说说修养 /013

学院「专业」/035

工业符号 /015

善待病体 /037

减负行动 /017

宜居进化 /039

艺术劳动 /019

消灭「怪兽」/041

伤痛万岁 /021

普通「定制」/043

表达陈述 /045	别「急吼吼」/067	来自回归 /089
就要活的 /047	吸收民「艺」/069	交叉疑惑 /091
自律智慧 /049	要来真的 /071	「赠品」王牌 /093
宽容一些 /051	看懂才好 /073	炒作现象 /095
看「拿摩温」/053	兼听为民 /075	走「文艺范」/097
艺术「复兴」/055	首相意识 /077	该谁认可 /099
边缘思考 /057	「炸掉」烦恼 /079	「穷」也高傲 /101
咬定自己 /059	草根优势 /081	整体介入 /103
灵魂跟上 /061	「垃圾」不赖 /083	加人情味 /105
亲民魅力 /063	艺术急救 /085	艺术更正 /107
「粗糙」不起 /065	地下「大院」/087	追溯基因 /109

- 固化常青 /111
- 筛筛洋味 /133
- 不做土豪 /157
- 需要空间 /113
- 原地沉思 /135
- 古城模式 /159
- 是谁遭殃 /115
- 请标个性 /139
- 灵魂难抄 /161
- 文化GDP /117
- 获奖之后 /141
- 说说灵感 /163
- 先被读懂 /119
- 艺术补席 /143
- 「怪」也思考 /165
- 一念失去 /121
- 「独生」印象 /145
- 不止学画 /167
- 适当「留疤」/123
- 创客门道 /147
- 想做去做 /169
- 新闻表达 /125
- 灵魂能「疯」/149
- 素养在哪 /171
- 讨谁喜欢 /127
- 守护净土 /151
- 打造遗产 /173
- 行为出彩 /129
- 「有心」之乐 /153
- 话说「公共」/175
- 火候艺术 /131
- 不屑高大 /155
- 一次不够 /177

更重要的 /179
逛馆也潮 /181
一「穿」多得 /183
怎能缺「细」/185
救活民艺 /187
情感重任 /189
「做」出思想？/191
「远距离」感 /193
不妨「执念」/195
先来「扫雷」/197
忽然想起 /199

不讲「规矩」/201
不敢放胆 /203
留白余地 /205
细节绳之 /207
艺术呼吸 /209
从「人」出发 /211
怒得漂亮 /213
虚心 不改 /215
跨过「山寨」/217
个性孤立 /219
壮胆突破 /221

灵魂出窍 /223
为何「同行」/225
毛毯服务 /227
品」质」教育 /229
敬畏在先 /231
「微」艺术圈 /233
坚持本性 /235
互动起来 /237
好看 耐看 /239
谁说了算 /241
「巨大」有度 /243

去去「火气」/245

当心失控 /247

升级「快乐」/249

关键是人 /271

「恶搞」有度 /251

优化「历史」/253

时时有「商」/255

「秀」也良心 /257

着什么「急」/259

不够到位 /261

再贴近点 /263

艺术「戏份」/265

一步之遥 /267

较真细节 /269

智慧标志 /273

「翻牌」以后 /275

「慢」也厉害 /277

尝新时代 /279

「年味」求新 /281

旧汤新药 /283

骨子里「精」/285

灵感诗学 /287

请走出来 /289

好好「妆扮」/291

把握尺度 /293

淡定优美

001

2012 年 09 月 08 日

　　当今的艺术家大多很随性，天马行空的创意让他们在无形中被符号化，不少人以形体上长发飘飘或以光头示人、愤世嫉俗，所在的艺术工作室大多有纷乱之感，用破坏世俗规则来强调自己艺术理念的存在感，这也成为了世人对有些艺术家行为的一种惯性理解。

　　女玻璃雕塑家陆驰所做的艺术创作既需要好的、流动的创意，又需要按部就班的制作，所以她的艺术工作室出奇的井然有序，没有故弄玄虚的陈设，每一件器具都有它存在的必然理由和顺序，不多不少、有条不紊。这是我非常欣赏的。透过她的玻璃雕塑审视其艺术理念与性格，发现即便身处在如此喧嚣纷扰的浮躁世界中，她都能很理性很专注地面对，不被打扰，用一种优雅淡定的态度，享受整个创作的过程，将灵动的内心世界以理性的固态呈现在众人面前，通透且优美着。

还是尺度

2012 年 11 月 03 日

在建筑设计师章明的眼里，上海当代艺术博物馆，这座昔日的电厂老建筑犹如一坛老酒，如今正开始弥漫淡雅而迷人的香，今年的双年展算是展馆"新莺初啼"。

"从设计师的角度说，这次双年展的艺术家们对空间的利用和理解还不够完美。"章明坦言，这座展馆内有大量有趣的可变空间、流动空间，馆内的光线、地形、空间张力和弹性的利用还有丰富的文章可做，"可是双年展的一些艺术家们还是更愿意将大空间割裂成一个一个小空间；一件件展品也被防护隔离带围上，这对作品的完整性、亲民性的障蔽是明显的，都是与当代艺术的开放性宗旨不符的。"艺术家们表示"有些装置作品尺度偏大，空间被挤得有些窒息了"，"小空间对大空间的割裂"，"追求分隔墙更高、更独立"，他认为："展品尺度与空间的比例关系原是可以协调得更好些的。"

作品与环境的关系、作品与空间的关系，作品与观赏者的关系，究竟如何处理安置？采访章明的过程中，我们一直在思考这个问题。也许这真是个难题：怎样的尺度是空间中合适的尺度？怎样的尺度才是艺术家应该把握的合适尺度？怎样的作品才不会被讥"浪费"、"招摇"、顾影自怜？这恐怕还得设计师、艺术家乃至观赏者长期的实践与磨合才能找到刚刚好的尺度。

配角地位

2012年12月15日

　　装置，从它出现的那天起，就是要打破传统艺术门类的界限和定位，绘画、雕塑、建筑、音乐、诗歌，甚至声光电的人为藩篱，它们都试图打破，而且，装置艺术从那位法国邮差（19世界末，这位邮差以水泥、石头和贝壳，用20余年业余时间，修建了造型怪异的"理想宫殿"，被英国艺术批评家尼古拉·德·奥利维拉称为"装置艺术的鼻祖"）开始，就试图把观众"置身其中"作为追求、让大家一起来体会艺术家的才情和喜怒哀乐，甚至观众的视觉、味觉、触觉、嗅觉，都是装置艺术作品的"言内之意"。

　　设计之都内容丰富、涵盖面极广，装置艺术只能算是其中的一个配角。按照联合国的约定，设计之都城市至少应该包括设计行业、设计学校和设计研究中心、创意和设计的运作群体在当地或国内的可持续活动、设计展会、设计推动的创意产业，等等。当你的城市细节有着艺术灵动，人们常常因这些装置而驻足，而会心一笑，正所谓小细节里有大乾坤，小角色里有大戏份呢！

　　设计之都，不能缺了应大大丰富亲民悦民的装置艺术。

不必招摇

2012年12月22日

虽然设计、创意"园""桥""坊"仿佛一夜春笋,争相绽放,但真显人气、品位上格者又有几何?我不敢说,类似创意园区,有不少如雷贯耳。可是细细想来,我们城市中创意园区里充满着的是什么?艺术家、设计家,不时地展览、经常地沙龙,还是酒吧、餐馆、展销会?如果是后者,则是园区依稀成商场,创意则溜之乎也了。

不是说园区里面不该有商业和餐饮,但主业为何,必须要问。很遗憾,如果统计一下,我们大中城市里有多少"羊头狗肉"的园区?设计之都就是一个又一个设计创意富集区的叠加产生几何效应的结果,园区除了房子和时尚外,更多的是需要充满智慧的创意设计者,他们点石成金,把过去的一切"老物件"都变成今天大家共赏的艺术品,"抢"我们眼球,"撞"我们的心。这样,设计之都就不仅仅是外壳华丽、名头招摇了。

如何改造

2013年02月16日

古城如何改造？提出这个问题有点傻，但是眼下喜忧参半的古城命运，我觉得还是要提。

古城改造，首先是态度。没有读懂古城之前，不轻言"斥资"多少多少，古城缮修首先不是钱的问题，而是你是否有颗敬畏敬重的心。你知道她的来龙去脉不？你感受到她的艺术魅力否？你感受到她的气场否？不能体味她的呼吸和喜怒哀乐，就别妄言"再造"！

古城改造是艺术。一块铺地的金砖要怎样烧制？一根木头要怎样裁割刨磨、留榫打眼？墙如何砌？九浆十八灰如何调制？若不知道，就要虚心做学生，从把鸡蛋画得像鸡蛋开始。

可喜的是，这些年，不少地方叫停了推倒重来式的古城改造，如大同；多了"修旧如旧"式，像台州椒江古街、绍兴古城的缮修；让古建筑、文史专家在古城保护上有了更多的话语权。但也出现了郑州繁华闹市复原性修复一南一北两座"仿古（商朝）城墙（夯土墙）"，与周围现代建筑和市民生活颇不协调，也不好看。所以，历史原貌有的恢复不了，或者缘木求鱼式的再造也不对味，那就实事求是，留下残垣破壁，神韵还在那里嘛！

"凝"神于意

2013年03月30日

在西方现代艺术史上，二十世纪一栏绝对是现代抽象艺术的天下，而步入新世纪后，"抽象"这个概念已不算新鲜，甚至被用得有些泛滥，真正能称得上"抽象艺术"的作品反倒显得鹤立鸡群。正在上海玻璃博物馆展出的"墨语凝器——薛吕玻璃艺术"让人有幸见识到在玻璃艺术创作领域，就有这么位充满灵气的、年轻的东方姑娘令人眼前一亮。

曾经师从玻璃艺术泰斗柯明斯教授的中国玻璃艺术家薛吕，用玻璃阐释出一股新潮的东方古韵，她用梦幻多变的玻璃材质，晕染出她独有的一派水墨画般的精致动人。"凝墨"、"凝霜"、"凝器"、"凝景"系列，巧妙地将热熔离心铸造技术与窑制玻璃工艺相结合，让作品看起来自然洒脱又独具意境。"凝器"系列故意破坏掉玻璃的唯美，用破损、龟裂叫人抛开器皿外观的精美，引发参观者对器物原始功能性的反思，为作品添加了审美之外的深刻内涵。四个系列既有共通之处，又各具风格和手法，从不同角度诠释了东方传统艺术借助玻璃材质的重塑与新生。

另一件名为《天使在等待》的作品，在视觉上产生了强烈的震撼。这件作品结合了中西方文化元素，用超现实的建构表现出一种带有宗教性质的纯净，构思绝妙。作品利用无数根纤细的釉彩玻璃相互交缠，向外伸展，微微变形的纤管带着磨合凝结留下的伤痕。纵观整件作品，这些细碎的痕迹却呈现出截然不同的效果，玻璃纤管构成一双翅膀的形体，就是主题中"天使"的依凭，光影在管道中不断折射，居然能产生羽毛飘落般的朦胧与动感，令观者也随之产生共鸣。整件作品由近及远，由抽象的玻璃管呈现出具象的翅膀形体，在内涵层面，反倒让人由具体的意象产生更深刻、更抽象的揣测。

　　薛吕的玻璃艺术充满年轻的活力，从中既能看到西方现代艺术的扎实基础，又能感受到她借此将东方文化发挥得淋漓尽致，就像是她的创新被注入了两股能够相互冲击、碰撞的"内力"，让她大胆地用这源自东方的双眼，发掘出玻璃更多的表现力。她的作品所表现出的那种纯粹、自然的诗意，或许能掀起玻璃艺术的一股新革命。

说说修养

2013年04月06日

　　周本义作为一个美术教师默默无闻一辈子，他一生几乎没有被采访过，参加画展也只提供两三张画作，跟他谈画，他总会说自己"很差"，但看过他的画作就会明白这完全是大师的谦逊。相反，一些喜欢写写画画的业余人士，却不客气地自称为"作家"、"画家"。想来，这些人比大师心中专家的门槛实在差得多了。

　　虽然并非所有半路出家的人就一定不能作出一番成就，但的确有些不懂画的人只因名人效应就去将一些名人的随意之作捧上天，实在让人感觉有些无奈。其实，真正的大师无论在哪个领域，都是胜在坚持不懈的自我修养，除了最基本的专业基础，在精神、文化、专业各个方面都不会有丝毫松懈，淡泊如周本义反倒是不愿意被挂上什么"大师"、"名家"的名头，更乐于一心扑在专业上。不谈积年累月的修养、扎实的专业功底，又拿什么来作为大师的标准？

工业符号

2013 年 04 月 20 日

  艺术家该做什么？这个问题正是对当今艺术家应当承担怎样的责任感的拷问。要剔除那些无病呻吟、只追求视觉冲击的"伪艺术"，才能从真正具有意义的艺术作品捕捉到艺术所应当散发出的正能量。女艺术家巨燕的作品很善于抛出最热门的城市话题，无论是用油画还是装置作品，不同材料在她的手中总能燃起生命的活力，无不体现出她身为一名艺术家对城市所肩负的使命感。

  年纪轻轻的巨燕算不上"老资格"，但她的每一次创作都能带领观赏者反思艺术对城市的作用。城市发展难免让人们沉浸在成功和进步的喜悦中，此时就需要从旁适时地泼一些"冷水"。正因如此，艺术创作绝对不能一味歌功颂德，过度追求形式上的登峰造极，更应该成为"当头一棒"，让人们更清醒、更客观、更全面地意识到城市本来的样子。

  巨燕作品中常出现的那些"符号"：工业钢管、废弃灯泡、开关箱、电线木头……如今随着经济发展的转型，年轻人甚至都已经不知道它们的名字，更不提铭记那段风风火火的时代了。也许有人觉得，不记得那些"过时"的历史没什么大不了，其实不然。这些失去了实用价值的历史遗留物，却真实地记载下了一个城市成长的每一步，即便是微不足道的螺丝钉，锈迹斑斑的旧齿轮，也能成为老一辈将自己独一无二的人生分享给晚生后辈的宝贵谈资，我们的五千年文化不正是这样口耳相传而来的吗？相信这些"无用"的老家伙们，定会成为未来的上海人心中的珍宝，因为看到它们就等于抓住了这座城市的文脉。

减负行动

2013 年 04 月 20 日

　　新资源艺术不仅可为地球减负，更可"美丽地球"。无论是在旧瓷器上画蜜蜂、蝴蝶、甲壳虫、鸟儿，还是绘上粉彩的蝴蝶并重新烧制将要遗弃的蓝白盘子，都说明我们的社会并不一味追求物质，而是追求美和创造力，正如《浮士德》中所说"成形，变形，永恒的心灵的永恒的创造"。

　　中国人，不缺人文情怀和悲悯济世的担当，我们现在还稀缺的是为"美丽地球"而行动的意识和胸怀。个体艺术家创导的新资源艺术运动不应该只是个人的，废旧材料重新利用本身就是一个很大众的过程，生活艺术化、艺术生活化需要全民参与，艺术家、中小学生、普通市民的参与会让城市公共艺术价值取向倍增光大。

　　废灯泡加垃圾桶变装饰灯、牛仔裙变成记事本的封面……民间的奇艺巧思是无穷的。我们呼唤，城市里，新资源艺术不应只是民间的、自发的，不应只是星星点点、灵光乍现的，蕴藏在民间的机智精巧、轻松诙谐和奇思妙想应该通过有组织的才艺比拼不断绽放，这样我们生活的词典中就没有"废弃"一词，我们的地球就会越来越美丽。

艺术劳动

2013 年 04 月 27 日

  劳动有很多种，除了人们一般认识的体力和脑力劳动外，精神劳动、意识劳动成了新时代新的劳动概念。如今，我们已经用一般劳动提高了生活的物质质量，精神、意识层面的劳动也随之被人们重视起来。

  位于上海杨浦区黄兴公园内的上海院士风采馆记载了科学劳动的光荣，因为科学正是人类不断劳动中创造的最伟大的成果之一。艺术的发展同样离不开劳动。原始时期的人类为了得到更好的劳动成果开始了绘画、陶艺制作；为了祭祀天神开始了歌唱与舞蹈，可以说，劳动正是艺术的始源。现在，艺术的意义早已脱离了生产的本意，反而用更多形式的劳动来表现艺术，人们的创意正是这样的成果，尤其是经过科技革命后，影响艺术、装置艺术、视觉艺术等等新艺术类别的出现，使得艺术的表现形式不断丰富起来，让我们看到了科技正不断为艺术开拓着全新的领域。

  应当注意到的是，艺术绝不仅仅是为了视觉享受而生，而现在很多人的艺术欣赏力很大程度上还停留在最表层上，艺术的功能性并未完全被开启。更多的艺术家用自己的精神劳动记录下身边最最熟悉的体力劳动者和脑力劳动者的朴质身影，他们用艺术照亮城市中普通的劳动者，可以发现，其实我们所有人的心灵都能从艺术中得到更多对生活的体悟。

要让艺术成为市民日常生活的一部分，就需要在精神和意识上劳动起来，既需要艺术家更广泛的创作，更少不了市民的主动参与。上海乃至全国越来越多、内容越来越精彩的艺术活动让我们看到了艺术的劳动已经开始了。

伤痛万岁

2013年05月04日

　　没有"伤疤"的城市就像是完美无缺的人,美好但是不真实。"伤疤"必定是丑陋不堪的吗?我看未必。视觉上的疮疤有时候是一个城市文化、历史上的里程碑,因为城市的发展避免不了伤痛,无论是天灾还是人祸,无论是源自战争破坏还是本身建设时的失败,这些不亚于成功与进步,对一座城市的文脉都是不可分割的。如果一味追求现代化的光鲜而让这些珍贵的"疤痕"消失,那么城市的历史又怎么能完整呢?

　　一些老建筑能够逃离被推平重建的危险,却未必能得到好的保护。很多所谓的"修旧如旧"只是停留在将建筑在视觉上保持原貌,真正的古老工艺的精髓却是一点没延续。明长城至今仍有部分健在,离不开朱元璋对工匠的严苛,据说每块墙砖都有铸造者姓名,以便问责。当时的工艺其实很简单,譬如,粘合原材料主要就是糯米、稻草和石灰等,但要保证质量就必须付出足够的心力。对比之下,我们用现代化的混凝土铸造技术来"修旧",在对待建筑的虔诚度上就已经站不住脚了。

　　艺术家最青睐于这些被归列为城市伤疤的老建筑和废墟,因为他们从中看到更多的是文化的传承,他们能让这些"伤疤"更具魅力。为此有艺术家说,留住永"痕",就能留下艺术、留下城市独一无二的记忆和读白,"伤痛"应该"万岁"。

拒绝戏说

2013 年 05 月 11 日

  每次去汶川,在地震博物馆前看着由艺术家创作的地震废墟上高举担架的雕塑,心中总是充满温暖。地震固然可怕,但因为人的勇敢、顽强和相互支撑,我们的心不孤单,所以雕塑家让这个场面成为了生活中的一盏灯,一盏点亮未来的灯。

  今天,艺术消费化的趋势越来越严重,甚至是以灾难为题材的,也常常沦为消费品,难逃被娱乐的命运。八年抗战,大家都知道那是中华民族的巨大劫难,可是近年的"雷人"抗战剧,频频出现空手白刃穿梭枪林弹雨,双手一使劲就把鬼子活活撕成两半,抡起菜刀就能砍瓜切菜般把荷枪实弹的日本兵统统砍翻的荒唐情节,甚至还有台词——"同志们,八年抗战从今天起正式开始了!"这些抗日"神剧",大有娱乐埋葬历史的架势。

  然而以灾难为主题的作品是不允许拿来消费的,它具有严肃性。作品中贯穿的应是忧患意识、危机意识,被赋予的应是人性的美与善、人生的终极关怀,这就意味着这类艺术探究的是人类的情感、体验,人生感喟、生命的情怀,思考的是人与环境、自然的关系,开掘的是人类存在的理想境界,所以灾难艺术不娱乐,而是标标准准的宏大严肃主题艺术。

　　庞贝文明虽然消失却给世界留下了珍贵的艺术财富，意大利保护着它的原始和破损，让人在欣赏古城艺术的同时，接受灾难和毁灭最真实的恐怖面目。与其过多地人为修饰，不如这最原真的模样，既庄严又可敬。

　　宏大严肃的主题艺术需要的是艺术家们怀着虔诚的心去酝酿情绪、塑造场面、叙述故事、勾画细节，因为他们面对的是民族，展露的是国家和人民对灾难的态度、意志、心态和情绪。正因为如此，灾难艺术是艺术之林中的"正剧"，必须"赋到沧桑"，不容八卦和戏说。

小点三题

2013年05月18日

审美,即便不走进美术馆、艺术展,也该让市民享美。上海中华艺术宫、上海当代艺术博物馆的诞生,街头公共艺术的出现,地下空间艺术的兴起……艺术正走向市民的身边。

有人觉得今年的"艺术北京"像个大杂烩,从另一面看却恰恰是艺术大门打开的标志,艺术与大众正越走越近了。艺博会不再一味追求"当代"、"先锋"或是"大牌",这样的现象同样出现在这两年许多国际艺博会上,艺术北京的定位和遭到质疑与去年的伦敦艺博会如出一辙,然而这两场艺博会在收藏家和参观者中的受欢迎程度之高则很能说明问题。当代艺术的"奇形怪状"往往在标新立异带来的新鲜感过后,能给观众留下的回味却不多,好在已经有越来越多人意识到了这种空壳危机,艺术开始逐渐回归生活了。

不少国内外的一线城市越来越注重地下空间的利用,同时也不忘将这些地方作为公共艺术展示的新平台,无论是建筑本身的设计,还是墙面上、空间内布置的绘画和雕塑,都成了城市的风景线。不过这些隐藏着的美景却还没得到和地面上的"伙伴"一样的待遇,缺少了属于他们的艺术地图。

其实，地下空间艺术发展并不是一两年的事了，而地下艺术地图迟迟未出现也反映出我们的城市还未意识到这些特定环境中的艺术品的价值所在。地下商城、地下广场、地铁站，人们不可避免地会在这些场所接受到艺术的辐射，所受影响远比特意前去美术馆、博物馆的几率大，利用好这些地理优势，公共艺术将得到更大的舞台。

无论是博物馆、艺术展览还是各种公共平台，都能成为市民与艺术近距离交流的好地方。今天又恰逢世界博物馆日，我们在纪念这些艺术和文化的"大餐"带来的精神享受时，也别错过了街头巷尾的那些精致"小点"。

地图境界

2013 年 05 月 18 日

编制地下空间艺术地图不仅仅是件技术活,更体现了这座城市的战略眼光和亮家底的勇气。

当下,城市成为人类越来越重要的居住环境,如何让钢筋水泥的森林多一些山水自然的气息、如何在地下空间里布置近似地面环境的氛围,成为越来越重要的课题。于是,地下空间的人性化营造与艺术品质提升就成为大家不约而同的努力目标,莫斯科、斯德哥尔摩、纽约、东京、巴塞罗那、巴黎等等,无不纷纷将地下空间作为艺术空间来打理,他们营造的地下空间如今已然成为城市的第二张"名片"。

在我国,300 万以上人口的城市是建造地铁的要件之一,所以数十个人口数达到这一标准的城市都在积极争取地铁等地下空间的开发。于是,未雨绸缪地筹划编制艺术地图,就可成为开发的"镜子"和"催化剂"。编地图的过程,就是城市艺术品质提升、城市境界提升的过程。地下空间艺术地图年年更新年年丰富,一年年集起来,城市品质提升的来路就更加清晰,我们的城市境界就会一步一个脚印,走得踏实、走得从容、走得优雅。

游走在世界各地,喜欢徜徉在各大城市特点鲜明的地下空间，但极力搜寻地下空间艺术地图，却至今未获一张。不知是因为自己语言不通，还是真的都没有？我们的艺术道路不必完全跟着国际走，国外没有，我们当然可以先绘制，使用得好了，也会给世界一个很好的参考的。

消费不起

2013 年 05 月 25 日

从现代主义设计风开始劲吹以来,所谓英雄主义建筑已经走过 100 余年的历史,其功能化的追求和理性主义的张扬为世界留下了许多优秀的作品。

随着工业化步伐的加快,城市急速发展,城市住宅的需求迅速膨胀,这要求建筑从中世纪的手工业操作尽快转化为工业化操作,加上工业化为建筑准备了大量的新材料、新结构和新设备,注定要促成一场浩浩荡荡的城市建筑革命。简而言之,多、快、好、省地建设,就是当时建筑设计面临的主要课题。

到了 20 世纪中期,现代主义建筑给城市带来诸多新的问题。张扬"理性"所表现出的排斥传统、民族性、地域性和个性的所谓国际式风格,即建筑外表不要装饰、千篇一律的光、平、简、秃,这种贫瘠而不毛的"素朴"追求,引起了人们越来越大的不满——难道人就非得被包围在这些冷冰冰的、缺乏人情的、理性有余感情不足的巨大"豆腐块"和"人造峡谷"中不可吗?历史、乡土、人情、个性,就真的与时代性不能共存?

更有甚者,英雄主义蜕变成了个人主义、解构主义乃至消费主义,一栋栋奇异建筑随之出现,建筑设计艺术在有些人的手里变成了彻头彻尾的游戏,甚至哗众取宠的噱头。

需要指出的是,求异求怪的英雄主义设计消耗了大量的资源。美国不到全球 5% 的人口,却消耗了全球 25% 的能源,而其中建筑消耗至少占到 1/3。这种环境不友好、不可持续的建筑上世纪 90 年代以后也到了中国,一直到今天仍方兴未艾。这些建筑大量消耗着能源,产生不尽的视觉污染,是典型的新、奇、特、怪、洋式建筑,更何况,走在这些英雄气概咄咄逼人的建筑下面,原本压力巨大、节奏紧张的我们,感受到的是再次的泰山压顶,我们只能弯腰,丝毫感受不到设计师们一厢情愿的所谓"权威"体验。

我们需要的是中国风,我们要承续的是中华建筑文脉,不需要全盘照搬打着各种旗号的洋主义、欧陆风,因为那些东西其实都是西方各种流行甚至过时手法在中国的杂凑。"BacKtothebasic"(回归本体),让"清新"、"合理"、"理性"的城市建筑回到我们的生活。

艺术日常

2013年06月01日

　　前几天轰动全国的埃及文物涂鸦事件，肇事者居然是一名初中学生，在他受到网友强烈谴责时，我在想，这件事不更应该反思家长、学校对孩子的教育吗？初中生虽然是孩子，但已经具有自己的思想意识了，做出这样可悲可恨的事，还是从小的教育中文物保护意识缺失所造成的。无独有偶，在中国的景区，总能看见家长让孩子在雕塑上肆意爬窜，全然不顾一旁"禁止触摸"字样的提示。这样的事绝非偶然，只是这次的埃及涂鸦事件让我们的国民素质坍台坍到国际上了，才引起如此关注，而这其中反映出的素质教育缺失受到关注了吗？

　　艺术、人文这些"软件"即便在今天也是小众所关心的话题，并没有融入到常态的发展中去。而欧美国家之所以艺术发达，原因就在于他们让艺术融入日常，不但博物馆、美术馆的数量和质量超乎想象，并且在学校的日常教育中也得到了应有的重要地位。

　　汉学家、意大利女作家吕贝卡·奥蒂曾向我提起过美国教育家希利尔百年前的著作《美国学生艺术史》，这本涵盖了人类文明史上最著名的艺术之作，其实是美国学校4至8年级学生的教材。她听说这本艺术基础教育课本在中国成了许多成人自学艺术史的教材，感到有些意外。这让我惊觉，我们的基础教育中，从没包括过艺术史。

事实证明，即便成人后，很多人还是会自发地去拾起艺术这一块知识，并非为了成为艺术家，而是通过艺术让自己的精神生活变得更丰富。既然如此，为何不能在学校里就开设艺术史课呢？现有的美术课不过是让学生学着画画，而对于传世的艺术品、艺术家、艺术事件却没有专门为学生进行补充，说到底，这还是对艺术史的不重视。

有没有想过，当孩子在语文书上学到《蒙娜丽莎》，一定很想看看这画究竟美在何处，达·芬奇又是怎样一位天才艺术家。然而这些在美术课堂上只能得到只言片语的解说，完全无法满足学生的好奇心，更别提引起他们对艺术产生强烈的兴趣了。

在艺术发达国家，无一例外的是他们都不缺对儿童艺术教育的普及化。让孩子懂点艺术史常识，不仅能让他们充满想象力和创造力，更是开阔眼界，领略世界文明精粹的一条捷径。比起一味学习语数外，以考试成绩为出发点的教育，多一点时间给艺术，让艺术成为日常不可或缺的一部分，就是多给了孩子一些看世界的角度。

平等参与

2013 年 06 月 01 日

　　首届国际公共艺术大奖的宗旨叫"地方重塑",从获奖的六个项目来看,很好地体现了这一主题。一直关注着这一公共艺术事件的我依然觉得本应知晓的一些信息却其音也稀,比如公共艺术需要大家的平等参与。

　　提乌纳堡垒花园项目自不必言了,艺术家倡导的"微城市主义"等理想,都是在公民全程、全方位参与之下实现的。棚户区艺术家、舞蹈爱好者、孩子、残疾人,他们在这里学习古典艺术、新兴艺术,一起参与"堡垒"的建设和美化,他们在这里朗诵诗歌、画画涂鸦,形成了30多个活跃分子为核心的团队,有社会学家、艺术家、爱心人士、民间团体,花园里的人气很旺。

　　平等参与,我们的艺术见解就会在行动中相互砥砺,越磨越亮,我们"地方重塑"就会让历史和自然很好地嵌在艺术项目里,纽约空中步道是,中国的虎溪校区也是。四川美术学院虎溪校区是重庆大学城规划中的一部分,原址是虎溪镇伍家沟村七社,设计者们考察基地后,"不铲一个山头,不填一个池塘",完整保留了11个山丘,保留了原有的部分农舍、水渠和农田;让新添置的建筑群散落其间,采取"粗材细作"的原则,建筑以丰富的形态、朴实的材质呼应原有的地形地貌。于是，虎溪校区里，农家生活在安静的校园中悉如从前，各种农具散布在池边回廊之中成为一种地方记忆的符号，整个校区成了"村庄里的艺术学府，城市里的世外桃源"。

艺术家、政府官员、公众、民间机构的平等参与是公共艺术的精髓，惟其如此，才有可能摈弃、远离挂羊头卖狗肉式的所谓"文化产业"（实际大都是商业、餐饮业），才能避免"创意产业"口号下公共艺术的娱乐化。

学院"专业"

2013年06月08日

　　我国的专业美术教育很"特别",受欢迎的往往是一些纯艺术性的美术专业,而应用性强的则相对受到冷遇些,这种情形与艺术发达国家恰恰相反。

　　20世纪60年代起,现代派美术呈现出衰落趋势,各大艺术馆和大型展览中,传统的古典主义、印象派、浪漫主义开始回归舞台,不少人开始热衷于临摹那些古典主义和印象派绘画,至今影响力仍然很大。相比一些抽象的、学术的现代派作品,人们还是更喜欢那些写实的、半写实的艺术品。与之相应的,欧洲的一些艺术院校中,最受欢迎的往往是建筑设计、装饰设计艺术之类的应用美术学科,比起纯艺术性美术,它们更具有实用性,对于就业也更有帮助。这样的选择倾向更是在欧洲的艺术发展成果上有所体现,无数精彩的装置、雕塑为城市增添魅力。

　　而我们的美术专业设置却是纯艺术性美术专业队伍更庞大,这些"学院派"专业所招收的人数远比社会所需求的要多。另外,随着城市精神文明建设要求逐步提升,我们的街头越来越需要那些既实用美观还能表现城市人文特色的建筑、雕塑、装置等艺术形式来点缀,工艺美术人才在这时就显得格外重要，他们的专业性发挥较之"学院派"更为灵活，更具特色，毕竟，只有在实践中不断创新，才是具有生命力的艺术。

善待病体

2013年06月08日

搜遍我国的文化遗产,哪个不是"汗流浃背、气喘吁吁",甚至是拖着"病体"硬撑?

人不可有矜持的身段,但世界文化遗产、国家重点保护文物得有,所以我们在对待古城改造问题时,首先得对这些宝贵遗产本身价值有起码的尊重,绝不能大刀阔斧、跟着感觉走。已经有不少古城古迹经过"高水平"规划改造后,失去了原本好端端的历史文化风貌,变得不古不今。

除了该有的尊重,我们还应该在保护和开放之间找到合适的平衡点。文化遗产存在的最重要前提和价值,就是它的真实性。文物是不可再生的,必须是历史的原物。如果只注重申报带来的经济、政绩效应,申报成功可能就意味着灾难的降临。梁思成先生说,维修古建筑是让它祛病延年,带病延年,而不是返老还童。如果我们不遵守"最少干预"以维护文物真实性的原则,结果就会都一样——毁灭。

令人欣喜地是,最近敦煌研究院公布了敦煌每日游客承载量。敦煌研究院保护研究所所长苏伯民介绍,研究者长期对莫高窟的外部环境、文物本体、游客流量等三方面进行监测,经过10年的专门研究,得出了大量详实数据,最后慎重确定莫高窟的日接待游客合理数为3000人。数据一出,景区的硬件、软件随后跟上。敦煌莫高窟游客中心年底将启动,届时,所有游客必须通过网络、电话等形式预约后才能正常参观莫高窟;在参观莫高窟之前必须到游客中心观看数字节目展示,领略莫高窟博大精深的佛教艺术;随后乘坐内部车辆抵达莫高窟,接受分类管理并分组,按既定的路线进洞窟参观;参观结束后,再乘坐内部车辆返回游客中心。敦煌文物研究院院长樊锦诗说:"如果对所有游客都平等开放,只要来就欢迎、款待的话,以后的游客有的看吗?这对后人平等吗?"

我们可否都学学敦煌,不再"杀鸡取卵",而是把遗产地当成绅士般对待,尊重并保护,这样我们也能从他们身上收获更多。

宜居进化

2013 年 06 月 15 日

数字化设计,包括建筑设计和城市设计,已经颠覆了传统。

今天,我们的土木建筑类学生进入大学后,还在学习绘图和角尺计算,但是,这已经不是当初必须掌握的技能训练了,而是为了找出物体和城市的专业感觉。现在的学生走出校门无一不是在电脑里绘图,输入参数,然后成型,修改自然也是牵一发而动全身,因为方案是个整体,一个数据进入,整体面貌就会一起响应、一起进退。

数字化设计让人与自然的和谐成为可能,让诗意的栖居成为可能。工业革命为人类的自我膨胀带来了技术支撑,"九天揽月、五洋捉鳖"可成为现实,人似乎变得无所不能,英雄主义与浪漫主义大行其道。终于,人成了地球的"主宰者",环境被改造,变得蓝天不再、碧水难觅;日子长了,臭氧层空洞,江河湖海变臭,噪声让人难以入睡,空气让人生病。此时才惊觉,原来人根本不是地球的主人,地球不只是被改变,还在被透支。科技的成长应该促使人与环境友好相处,而不是相互伤害。

于是,数字化技术作为一项系统、整体、可逆、可预知的智能化技术应运而生,它通过强大的计算能力把人、社会、环境综合优化，最后达成人在城市中的诗意宜居，那时，现实版的桃花源真有可能出现在我们的面前。

需要指出的是，数字化建筑和城市设计浪潮来势迅猛，关于数字化建构、数字化建造、参数化主义、多智能系统，甚至BIM（又称BIM核心建模软件，用于建筑规划、设计、施工、管理等整个周期）等等，专家学者们看法不一，争论继续，而对于普通人来说，这种建立在计算机基础上的技术只要能把我们的城市变得越来越美，环境变得越来越好，它就是值得赞扬的。

消灭"怪兽"

2013年06月22日

我们的城市,无论大小,对于自然而言都是另类的怪兽,它们大量地消耗能源,产出温室气体,与环境严重地撕裂,工业革命的魔手把人类推向了与自然截然对立的悬崖边。

以城市空间和公众生活为背景而展开的城市艺术,纷纷强调艺术对自然、环境和空间的征服,数不清的艺术作品,主题都是肯定人的意志和力量,生态环境的牺牲全都在所不惜。

越来越严重的环境问题、环境灾难,让生态城市渐渐成了越来越多的人们谈论的话题:人应是自然的守护者。城市也是一个生命体,也一样享有生命的尊严,我们要用合适的艺术形式让它焕发魅力。

浙江台州市中心有一座40米高的气象塔建到快20米的时候,因违反城市规划被叫停,山顶就留下半拉子混凝土塔身。塔在市中心,有小山托举,城市中的空间影像很是招惹眼球,如果将它改成一座城市雕塑,肯定不错。于是,台州方面让声绩卓著的艺术单位提交方案,可所有方案都是重建一座近40米的巨型雕塑。结果,原本最大的亮点——半截塔没了。

为何艺术设计者不能理解这半截塔本身的意义？因为他们的心里，城市雕塑、景观艺术是要为城市增添亮点，花费金钱、消耗资源理所当然。这种所谓艺术和设计出发点，几乎都是要把设计者的想法和意志注入到这个城市和居民心里，不管自己的意图是否合适、是否适应当地的情况。

为了城市不另类，为了自然能安生，我们应该学会敬畏和尊重，让放弃、收敛、保护，转换成为艺术的自觉，顺其自然、无为而为，就会成为生态艺术的必然选择。

普通"定制"

2013年06月29日

每个城市和地方都想自己的家乡有个世人皆知的符号。洛阳人都知道城里有座八角楼,是一座四层八角的仿古建筑。老洛阳都清楚,由于当时老城没太多高大建筑,使它很是卓尔不群,很快成了老城的标志建筑。而现在拆了,道路整好,房子更高,但感觉变了。

其实,城市标志物不需要太大、太高,更不需要出奇立异,如果心里记着为百姓构筑、雕塑,那就成了普通人心中的标志。斯洛伐克首都布拉提斯拉法的"阴井盖下的工人",比利时首都布鲁塞尔的"撒尿小男孩",哥本哈根海边那位"痴情的美人鱼",都是抓住了普通人的喜怒哀乐,不高大却隽永至今,且还要流芳下去。匈牙利的布达佩斯,在链子桥和玛格丽特桥之间约200多米的多瑙河堤岸上,经常有人来此缅怀追思,原来1944年,奉行法西斯主义的匈牙利箭十字党在这里制造过大屠杀,匈牙利雕塑家以此为背景制作了50双鞋子以纪念死难者。现在,这里已成为布达佩斯一处新的标志性景点,鲜花、蜡烛,甚至在鞋子里放一粒石子,都成为访问者的纪念方式。

我们的国家和时代需要宏大主题的构筑。但是,我们需要更多为普通人"量身定制"的构筑,我们希望有更多的生活场景，就如"撒尿的小男孩"也能够进入艺术家的法眼一样。就像一位业内专家所言："我们老百姓自己的工作、生活的场所，也应该留给我们的后代看的。"

普通人让我们的时代充满了生机和活力，他们的故事应被我们记取。巢林宝和季培林，可能很多上海人都不知道了，他们都是为延安路隧道而牺牲的，已被追认为烈士。我就想：如果在他们殉难的地方，立个塑像和一块碑，把他们的抢险故事镌刻在上面，这既是对普通劳动者最好的纪念，更是对重大工程"艰难困苦，玉汝于成"的最好注释，还是上海精神的好注脚。

表达陈述

2013 年 06 月 29 日

　　杜甫那句"语不惊人死不休",道出了多少为美而存在之人的心声。与所有的艺术门类一样,绝大多数的建筑设计师都有着强烈的表达欲望。那些知名的建筑,总能给人巨大的视觉震撼。而伊东丰雄的作品,有些"另类",一如其儒雅温厚的形象。

　　无论是体育场、博物馆、百货楼,还是普通住宅、养老院,甚至通风口,伊东都用一种克制的建筑语言在陈述,陈述它存在于此的意义,陈述它为这些人服务的意义。有些建筑,存在于此或存在于彼,对其本身而言没有太大差别,因为它们只是艺术家的自我表达,但伊东很少强调自我,他的作品专为某地"量身订制"。将那些人们很熟悉的元素创造性地捏合在一起,为这一地打造出独属于此的建筑。在他获得普利兹克奖之后,我听到过这样一种声音:"为什么上海没有伊东丰雄的作品?"不必纠结,若他熟悉了上海的"语境",自然会款款道来。

就要活的

2013年07月06日

今日中国的历史建筑、风貌区保护可谓是风急雷响。所以,书写"大同古城复兴记"的耿彦波成了"山西十大文化符号"之翘首,喜焉戚焉?再造的大同首先是假的,还是没有活气的,不可能回到明清,只能为旅游和商业"跪下"。烧钱数百亿再造出(其实叫"穿越"更合适)这样一个"古城"的人成为一个省的"文化符号",恐怕讽刺的意味更浓,所以有网友说"把钱用在修下水道上多好"。

文化遗产要"活体"保护,尤其是老城老街的"修旧如旧"、"带病延年",其核心就是"人居",是活气。人和居一旦分离,人搬走,居成景,那"活气"也就从老宅里溜走了,更何况造出的是假古董呢。

斯洛伐克的斯皮什城及周边历史建筑(包括莱沃察)1993年被列入《世界遗产名录》。位于布拉尼斯科山麓的城塞气势雄伟,城内街道房屋依山顺坡,列入保护范围的历史建筑物达100多处。现在,这里的城堡、教堂和优秀民居正由专业队伍按古法一一修缮,我们仍旧在街上常常看到悠闲的喝咖啡者、逛街者、小贩,从老屋里进进出出的人们:这里生机盎然。

我们的古建筑保护、古村古街改造都应该遵循"活体"

原则。哈尼梯田的活气就是那些世代力耕，吃红米饭、住蘑菇房的农人，还有那令人迷醉的梯田。

因为职业缘故，我们造访过徐汇区的武康大楼，乘坐已经80多岁的老电梯，随着它上上下下。奇的是，这架电梯指示楼层的不是电子数字，而是针摆。电梯走一层，针摆走一格，直观、简洁且利落，一点也不误事。禁不住感叹：岁月因为有了锈色而"老灵光额"。

自律智慧

2013年07月13日

  环境艺术作品对于城市,就如空气和水,须臾不可或缺。美国《环境设计丛书》的出版者理查德·多伯指出:环境设计是比建筑范围更大,比规划的意义更综合,比工程技术更敏感的艺术,是一种实用艺术。

  由园林、建筑、招牌广告、雕塑等要素组成的城市环境艺术,要求我们设计出的作品,都能让人愉悦。可是仅仅如此就够了吗?

  长发的白种女人、黑发的黄种男人、短发的黑种男人……两人高的纸板墙被摆放在展馆入口的玄关处,上面密密麻麻布满500个年轻人的面庞,这是托斯卡尼亲自拍的。站在高高的人脸墙下,我们搜索着一张张肤色各异、表情千姿百态的世界各地的年轻人,他们青春的脸告诉我:我们都是"人类族"。这就是贝纳通,超越种族肤色,倡导人类大同。

  当然,你我需要自律,就如《排版错误》,它是贝纳通获得2008年纽约广告界全场大奖的作品,该作品通过语言符号的杂乱拼贴,把酒后人们云飘雾绕、头重脚轻的驾车感觉展现成"第一现场"。正如托斯卡尼所说:"我的工作是传播。我一直相信,看一些能刺激人思考的东西也挺好的。我想呈现周围一些真实、大家都有份的事物。"正因为如此,强烈的人文关怀意识和行动让贝纳通品牌"无心"插柳柳成荫。

再来看我们的户外广告:高高的广告牌上,大写着"一个叫做爱的香巢","爱"字被一颗心包裹着,那是卖房子的广告;还有"你可以不买房,除非你摆平丈母娘"、"买房送车送女友"、"买房送墓地,一生置业一步到位","买房子送战斗机",真的送一架二战时的战斗机哦。不知大家看了作何感想,我只感到了"恶俗"。

但愿做一个环境艺术设计的智者,像贝纳通那样。

宽容一些

2013年07月13日

又听说莫干山路涂鸦墙叫拆了,由恋人们留言而来的甜爱路涂鸦墙却有望在规划中幸存,至此便明了:商业性不够,艺术别来凑。我们对待涂鸦艺术真的相当现实。

仔细想想,我们的涂鸦文化似乎也只有"涂鸦墙"这种单调的形式,反观艺术发达的国家,各种建筑、电线杆、路面等等都能看到精彩的涂鸦作品,有不少甚至是在3、4层以上的房屋上漆制,如果得不到屋主的同意是不可能完成的,这恰好说明涂鸦已经成为当地百姓所认可的艺术表现形式之一。

其实,好的涂鸦作品可以成为城市环境最生动的表情,不仅是在视觉上,更是精神层面上的。当涂鸦融合在环境中,它们才能撞击出更深刻的意义。上海红坊艺术区里,一进门就会被墙上巨大的人像所震撼,我们不知道他是谁,也不知道他在仰望什么,然而当他出现在这里,就会让人联想起红坊的历史变革,正如这老人一般沧桑却充满新的希望。

上海城市化得很厉害,但除去一些地标性建筑,却很少看到又让人眼前一亮的城市风景线,住宅区显得千篇一律。试想,如果在老公房区添上几处有意思的涂画,是不是能让居民的心情也更明朗青春一些呢?

　　请对涂鸦艺术宽容一些,多给这些喜爱自由的艺术品生存的空间,相信它们定会回报给我们更多。

看"拿摩温"

2013 年 07 月 20 日

本是为了参观半岛 1919 文化创意园而来,居然还会有意想不到的收获——作家夏衍笔下那些"拿摩温"们的宿舍,每排八座相连、总共四排的尖顶红瓦的青砖房子是当初吴淞大中华纱厂的工头宿舍,紧连着如今变身为创意园区的老厂房,独特而别致的样子让人一眼就被它吸引住。

这些建于上世纪二三十年代、从外观上看却仍然保存得相当完整的建筑,至今仍有人在里面居住。无论是墙体、屋顶还是门窗都原汁原味,房子之间相连在一起,让屋顶形成了非常整体的锯齿状,很难想象如此富有立体感的房屋居然是解放前给工头们住的地方。或许是由于那个年代的复杂性,这些老房子也有着"混血"的感觉,它们既有石库门的纹理,又有西式洋房的细节,还有日式民宅的结构,这样"三不像"的另类风格却恰好是那个年代最常见的。

带我们前去的园区工作人员告诉我,这里可能是上海仅剩唯一的拿摩温宿舍了,而且在地区规划中有可能要被拆除,这让我感到一阵危机感:我们在发展过程中已经牺牲了太多不可还原的历史遗迹了!这独一无二的历史风貌建筑难道也躲不过这样的厄运?

事实上,这样既富有时代感又具有地方特色,并且保存如此完好的历史建筑正是上海这座城市最有代表性的元素，这是任何其他城市和地区所不具备的，如果为了解决经济发展或是城市居住问题而拆除，实在是因小失大。一座城市最大的资本不光体现在经济建设或是城市化进程上，那些反映历史人文的活历史书更是蕴含着更持久的价值，毕竟，能够让人感受到城市的人文魅力，才能让后人对这座城市产生深刻的印象。维系好城市开发与风貌保护之间的平衡，决不能简单地依靠拆旧。停一停，想一想吧，别再等十年二十年后，大呼后悔。

艺术"复兴"

2013年07月20日

　　无论是美国的底特律、中国的玉门，还是已经成功转型的西班牙毕尔巴鄂，在资源枯竭、单一产业带不动城市前进之后，艺术就该出手了。

　　工业化以来，一座城市的颓废，大多是因为产业的没落，产业没落之后，附着在其上面的城市精神也就常常"皮之不存，毛将焉附"。所以"底特律精神"的雕塑如今看上去令人伤感，甚至有些滑稽和令人难堪。正因为如此，来此一游的人们审颓废、审丑、审陋，就获得了姹紫嫣红、霓虹闪烁的城市环境下无法获得的触动和认知：美好来之不易，应该倍加珍惜。

　　更可说者，颓废的城市生机渐衰，艺术工作者上场，那些陋得典型、颓废得震撼的空间和造型，正可加以定格和凸显，作为幸福世界的"镜子"。照照镜子，正正衣冠，也挺好。

　　再者就如毕尔巴鄂，请来艺术家主刀重振乾坤。他们请来了英国建筑师诺曼·福斯特设计市内29个地铁站，地铁入口被设计成钢拱嵌玻璃的蚕蛹模样，仿佛刚从地下破土拱出，正欲羽化而去，就这样翘首在闹市的街边。此意象征是这座城市涅槃重生的最好隐喻。请来美国建筑师弗兰克·欧文·盖瑞设计建造毕尔巴鄂古根海姆美术馆,毕尔巴鄂就从海港、铁矿到美术馆城,成功在艺术的天空里化蛹为蝶,展翅翱翔了。于是,世界又有一个新名词——毕尔巴鄂效应,以艺术的名义。

边缘思考

2013 年 07 月 27 日

西方当代艺术蓬勃至今，离不开艺术家对社会的深刻反思。这让我们看到艺术的时代使命，它时刻关注着世界，反映着世界，甚至试图改变现有的世界，尽管看到的是感官上的变化，然而一旦融入到不同环境中，一切便被赋予了更多人文关怀，艺术家的心怀天下正是如此。

现在，艺术家不断壮大的行列让当代艺术品数量剧增。就是在这样的大环境下，我们想要的当代艺术作品更该注重质量，才能通过艺术来提高人的素质和品位。事实上，很多为了追求名利甚至为了哗众取宠的所谓"艺术家"打着"看不懂的就是个性"的旗号，专门弄出些让人看得一头雾水的所谓"当代和抽象艺术"，而不明所以的观众会被各种宣传唬得一愣一愣，还为其拍手叫好。事后想想，这更像是在刻意地追捧逢迎，生怕别人懂了显得自己水平不高，实质上却没有任何教育意义。

Felice Varini 为我们提供了全新的创作理念，比如他目前为止最大的作品——瑞士山区一座名为 Vercorin 的小镇，这个场地不同于他以往的选择，是一个山清水秀的山中小镇，如今经过一番设计，变成了著名的圈圈镇。现代化进程下，有多少曾经绿色天然的城镇失去了自然的魅力，而 Felice Varini 却用这种擦着艺术边缘而过的形式，巧妙地结合了建筑、生态、环境保护等元素，让我们看到即便不破坏也可以让这里变得很现代。

运用新手段应当是为了诠释发展的意义，而非为了创作而创作。希望有更多人能学会欣赏这类艺术的同时多思考一些现实的教育和生活的意义。

咬定自己

2013年08月03日

　　设计艺术界，设计师们的低工资、高强度、多加班的特性一直被外界诟病；赶工期的设计，没有艺术灵感的设计，老板、业主、领导的意志左右着的设计同样饱受诟病。一切都因为，设计师没有自主权。于是，中国设计师就很容易改变立场，一个方案，开发商让他怎么改他就怎么改，只要这单生意不跑掉，国外名号响亮的设计师则不，他们坚持自己的立场，哪怕是丢了生意，结果是数十年来他们在中国纵横驰骋，所向披靡，名气更大，要价更高，生意更兴隆。

　　中国设计师，请为"艺术"工作。

　　还是回到西班牙的椅子、灯具和招贴展览，这三样毫不起眼的东西，居然让世界为之贴上"西班牙"标签，因为西班牙的艺术家们，孜孜追求椅子的结构与舒适，不断琢磨灯的进步与魔幻，而绘制招贴则把视觉的交流作为第一要务，西班牙的艺术家们100年来咬定青山不放松，所以在全球成为翘首也就毫不奇怪了。

　　又想起了王澍，他用陈砖旧瓦盖房子，大半辈子了数得出来的作品也就那么几件，可是人家就得了很多人梦寐以求的世界建筑诺贝尔奖——普利兹克奖，同样因为他是为艺术理想而设计:咬定"虚心接受,坚决不改"的自我方针,"青山"才能绵绵不断地滋养你,不是吗?

灵魂跟上

2013 年 08 月 10 日

　　洋建筑师在中国，是个大问题。外国设计师如何融入当地文化，中国设计师长期充当城市高端设计市场的"答应"（清代的妃嫔品级中，答应地位最低）身份如何改变，决策者如何做到华山论剑之后再发"英雄帖"，而不是事未做，就定下"美国（欧洲）方案"，百姓如何学会欣赏城市艺术？这一切都需要灵魂跟上。

　　文化不可能国际化。因为任何一个民族文化都是当地特有的，所有进入者都必须尊重、理解、融入并活化，那种观光几天，商谈一番，随后回去洋洋洒洒一大叠的设计图纸，最后大多只能一条路：设计成果将成为"粗暴的闯入者"，作品的魂没有附上城市的"体"，没有灵魂。

　　出资人不可见到洋人就烧香膜拜，延为上宾。随着国家开放程度越来越深，金发碧眼的进入者们也就鱼龙混杂起来，你必须擦亮眼睛、灵魂跟上，最好的办法就是找伯乐，一鉴真假。当然，更重要的是，决策者切不可把设计物当成金钱、权力的"图腾"。

　　中国设计师，要向马岩松学习。吃透西洋设计套路，乘着经济危机，花低廉的价格找了一批"洋打工"，他的 50 个同事，一半都是外国人，如今他们正在重庆、哈尔滨、北京等地忙碌着。我们设计师的设计技术和艺术并不神秘，入了殿堂，境界的造化还是在人。

中国老百姓当然是当地文化的最忠实的守候者和体验者，固然我们可以说百姓也应该提高艺术欣赏的品位，灵魂也要跟上时代的步伐，可是，为何遭到调侃不是别个，偏偏是近几年的所谓新型建筑，人们闲称为"小蛮腰"、"大裤衩"、"秋裤"、"孔方兄"等几个。我看，即便欣赏力不够，老百姓还是能一眼看出这些家伙的粗暴乱入，严重挑战了百姓的审美底线。

英国建筑师大卫·奇珀菲尔德说："一名具有创造性的建筑师就是能够通过建成的作品建议、促进并激励更好的世界观。"灵魂跟上，才能出高尚而美的设计作品。

亲民魅力

2013年08月10日

在面对形式多样、精彩纷呈的当代艺术时,相对保守的国画创作在近些年越来越有危机。在思想不断变化的今天,不少国画作者还是一心扑在花鸟虫草、山川河流上,对国画不甚了解者压根分不清这是古是今,让人感到国画始终在原地踏步,与时代发展格格不入。正是意识到这点,也有越来越多国画家抛开文人闭门造车的习惯,开始用传统的技法展现现代的生活。事实证明,一旦贴近生活,国画艺术就活起来了。

丁筱芳将创作重心放在底层劳动者身上,不仅是对他自身创作题材的拓展,更是让人对国画有了新的认识:传统的画法也可以是展现时代精神风貌的利器。城市发展最离不开千千万万的劳动者,而最容易被忽视,甚至被轻视的也是这些底层劳动者。不同于用照片直接记录,国画能营造意境,因而本身具有更多思考性和启示性,用来反映日常、展现底层劳动者风采最恰当不过了。

丁筱芳曾说过:"作为画家,如果没有练就一双善于从生活中发现的敏锐之眼,没有切实把握时代语境及其精神实质,那么再出色的技艺和手法,都难以在画面上站立起来而成为一种真正有价值的艺术语言和个性风格。"艺术家就该深入底层，站在底层劳动者的角度，来展现丰富多样的底层生活场景。只有更积极主动地关注生活，倾听时代的脉动，才能成为一名具有人文情怀和精神担当、有强烈社会责任感的艺术家。

不仅是国画，对于每一种艺术形式而言，现实生活中所蕴含的各种可大可小的创作素材，都像是取之不竭的金矿，这些题材远远超过了作者技巧或名声的影响力，最能引起观者共鸣，这才更能体现出画家对社会真正价值，也往往是这样的作品才能成为经典。

艺术技巧并没有过时一说，过时的往往是源自创作意图和题材的局限，就如明代八股文限制文人关注现实那样。时代的进步、社会的发展，正需要每一位艺术家去感知、去认识、去提炼、去表现，发挥出艺术的力量来改变观念，重新定位创作理念，也是重新定位艺术家自身，这也是艺术永葆魅力的唯一途径。

"粗糙"不起

2013年08月17日

  德国人、日本人都以注重细节闻名世界,很多人尤其喜爱他们制造的商品,因为质量好,品质高。他们又恰好表现出两种不同层面的精致:德国人在制造、制作方面尤为严谨,因此"刻板"、"死板"也常被用来形容德国人性格;日本人的精致往往体现在生活态度上,即使是做个便当她们也要注重色彩、营养、造型的搭配,毫不随便。而我们喜欢"大而化之",缺的就是细枝末节处的精致。

  看看我们这么多年的艺术发展也是如此,明明资金投入够多,人力投入够广,创意构思也不差,但就是张扬不起来。街头巷尾的雕塑、装置数量多了,但其中夹杂的雷人造型或是不明所以的形体比比皆是,说起来则一律以"抽象作品"广而概之,说了等于没说,这态度够粗糙的。

  譬如在国外,无论是美国、欧洲各国还是近邻日本,都有窨井盖文化,数量众多、造型各异的窨井盖就是点缀街道的最佳艺术品。而在我们这儿,如果不是事故频发,小小的窨井盖别说是艺术品,就连安全问题都没被关注过多少。

  但是这并不是某一个人的责任,因为无论是领导、艺术家还是老百姓,大家都没有"细节意识"。首先,领导们应当是城市环境的指挥者、决策者,一座城市、一个区域的品质都应该由他们来把好关；其次，艺术家和设计者不能一味去迎合上级领导的个人喜好，应该担起对艺术的执着与坚持，创作一些适合环境也具有创意的作品出来；我们老百姓对待环境的美化更不能"袖手旁观"，因为我们不单单是欣赏者，更应该是城市美观的保护者和参与者。但就目前看来，这三者都没有做好自己的"职责"。

忽略城市细节，也就不存在城市最基本的文化建设，底子打不好，又怎能建起真正的艺术"高塔"？

别"急吼吼"

2013年08月17日

因为国家大力倡导、因为都要打造"升级版"城市,所以大家都热衷文化创意产业,显得急吼吼,都可以理解。可是,此产业亦非此前大投资即可换来 GDP 显著提升的行当,此产业是脑力、智力产业,甚至可称是穷人产业、草根产业。感觉没上来,激情没到位,就凭你急破脑袋也是没用的。

创意产业,是一个需要决策者潜下去发现、蹲下去号脉(有无艺术家、在哪里搞、如何整合等等)、放下身段和草根们摸爬滚打,然后因势利导,顺势而为,方可大有作为的产业。因此,在这一产业领域,还得善行者后行。

慢慢来,就像静静地等待、欣赏老母鸡孵小鸡那样,孵出了小鸡,才有可能让无数梦想的翅膀落到现实的枝条上,才有可能在日后产生"蝴蝶效应"。

要产生蝴蝶效应,当然首先要找到创意的"母鸡",可是仅仅这样行吗?台北故宫的艺术衍生品"朕知道了"胶带热销之后,有网友建议其将"贱人就是矫情"、"跪安吧"也用于创意,但台北故宫表示不会这样做:"所有文创商品应该跟典藏文物有关,我们不会为了赚钱而随波逐流。"台北故宫说,推动文化创意产业,其实是教育功能的延伸,"游客欣赏台北故宫,感动之余买回文化和艺术商品,给人生留下纪念,无形中,中华文化就会渗透到全球。"台北故宫把握着正确的方向,他们读透了个中奥秘:"蛋"在宫里,得好好孵。因此,要做善行者后行,关键还是要真把文化、人心读透。

吸收民"艺"

2013年08月24日

修衙不可太过。

我们今天很多地方最气派的建筑就是"衙门"了，可是气派的下场，就是将老百姓隔得越来越远。百姓想看创意，这民意却被忽视了。

所谓建筑的高台阶、大门楼、阔广场，中轴对称，无非都是要在心理上引起"威严"、"森严"、"尊荣"等优越、尊贵和威严感，无非都是要通过建筑的气派让"草民"望而却步，我们不少决策者在决定建筑风格的时候，已经逐渐背离了以百姓为中心的原则，怎样装饰才能让政府比别家更气派，更撑面子，让官员待得更舒服，反倒成了中心思想了。

有时候，在设计建筑时还请来了风水大师，比如不久前引起争议的王林。"衙门"前狮子成群、玄关处奇石成林，甚至"宝座"后面放一块靠山石，就可保一辈子不倒云云。不说这些装神弄鬼是真是假，单看请风水师的目的就明显不是为民服务的。

为此，我又想起了练塘镇、朱家角镇政府，白墙黛瓦、木板做栅，平地盖房无门槛，院落里面能见牲槽和磨盘，百姓来办事，就如走进了自家的院子，当然没有隔阂，不隔，民心就顺，乡风就和，建筑自然就美了。

美观、时尚、具有艺术设计感绝对不是靠砸钱就能换来的，艺术家的一点巧思就能让官衙建筑改头换面，但是最最关键的，还是决策者首先要有改变的意识，不然艺术家想来帮忙也会被"拒之门外"。

要来真的

2013年08月31日

"露天建筑艺术博物馆"俄罗斯圣彼得堡的魅力只能亲自去感受，说不清也写不出，但可以说说的是整座城市对历史面貌的保护意识和切实的实施。因G20首脑峰会就要在圣彼得堡召开，它自然就成了全世界新闻的焦点，我们从艺术设计的角度说，最值得学习的还是它护城操作上的巨细，以及文物修复仰仗专业队伍的做法。

《圣彼得堡文化遗产保护战略》(简称"战略")全面涵盖并保护了规模宏大的历史中心区和颈环般的城郊格局。他们认为，城市形象不仅有建筑艺术杰作组成，而且还有完整的城市空间环境，因此历史地区保存的完整性和真实性尤为重要，保存好了这些，文化遗产的原真性、多样性就得到了很好的保证。

细节必须一丝不苟，老城保护必须有专业队伍做保障。圣彼得堡一如既往地依托文化遗产保护与修复的专业教学机构——列宁格勒-彼得堡的修复学院。内行都知道，古建筑修缮或重建，细节就是关键。《战略》中明确了城市中建筑的装饰类别、建筑的色彩、建筑的材质，以及建筑的风格等一系列城市外观要素，同时指出该修复活动目的、具有科学依据的方法等内容。如：规定建筑立面每2—3年清洗一次以及洗涤物的种类，定期检查建筑的各个部位，以延长建筑的使用期限。所以，这座城市街面和建筑都很耐看。

  历史文化遗产的保护，要的是真行为，而不是开空头支票。我们很多城市都高喊着要打造"历史文化名城"，但却将真建筑拆除，花大价钱造些不伦不类的新"历史遗迹"，外观焕然一新，现代化的钢窗和空调外机高高挂起，细节之处更让人不忍直视。我们如此众多的历史建筑有多少还留着原貌？我想，主要是决策者还不明白历史保存的完整性和原真性有多么重要。看看圣彼得堡的丰富经验，我们是不是也能做些改变？

看懂才好

2013 年 08 月 31 日

　　前不久，徐家汇港汇广场一楼展示了几件上海师范大学学生的作品，受到不少市民的欢迎，觉得在商场里看到它们十分有意思。但是许多人不知道，其中部分作品之前在上师大校园内的树林里展示时，却并没有如此受欢迎，甚至有人觉得放在树林里怪吓人的。可见，不同语境对雕塑本身的意义诠释会产生很大的影响。

　　城市雕塑放在马路边也好，商场里也好，最终目的都是为了让人关注艺术，得到启发与思考，就像瑞士日内瓦的联合国广场上著名的"大椅子"，当它被安置在联合国成立的地方，也是如今世界卫生组织等驻扎的场所，它所能产生的涵义自然也就更明确、更有深度。它缺条腿的形象产生的残缺美更能让人心生亲近之意，带着好奇走近它，观察它，于是便能悟出这件作品对战争的无声抗议以及对世界和平的强烈呼唤。

　　很多人都有这种感觉：我们的城市里雕塑不少，看不懂的居多。有时候在一幢楼前，一块变了形的钢块儿摆在那里，也没有任何说明，抽象得让百姓难以理解，有些脱离大众。这样的作品也许摆放在艺术馆或是双年展上会大受好评，但在街头巷尾却不吃香，因为普通人看不懂，也就缺少了亲民性。

　　不少设计师是为了雕塑而雕塑，为了创意而创意，这就像一篇文章光有华丽的辞藻而没有实质的思想一样，乍看很有冲击力，但留在脑海里的不过是一些视觉刺激，城市的文脉、城市的内涵一点也没能体现。有时候，不是非得大张旗鼓地空出场地弄些不相干的雕塑作品来，将这些心思花在改造街头不可或缺的公共设施又如何？比如供路人歇息的椅子或遮阳篷，经过一些创意改造，也是一种城市雕塑品。好的创意更需要融入到市民生活中，才能入得了市民的眼，才能激活市民对城市、对生活的思考。

兼听为民

2013年09月07日

  不山寨，关键还是要有边走边看的悠闲之心。如果我们的设计者、建造者都在赶路，都在被订单催着前行，那肯定没有了或万里无云、或细雨霏霏的下午看天发呆的心情，这样出来的"作业"想不山寨都难。

  想要不山寨，就要允许外行的市民参与设计的评判。力学的、材料的、功能性的门道，可能大家都说不出一二，但一件东西好不好看、好不好用，适不适合，无论是服装、电器，还是建筑、城市，大多数人还是能够说出一二的。也许建议不够专业，但胜在够真实，够直观。

  虽然，山寨是一个大家都想口诛笔伐、群起而攻之的现象，但真的遇上了还是要心动的。存在即是合理，山寨现象盛行多年有着社会发展的必然性，它暂时能满足部分人的需求，这是不争的事实。简而言之，如果原创的作品也能放下些身段，别那样高高在上，那我们又何必去山寨？让市民参与评判，大家也会在实践中自我教育，更何况，高手在民间。

  有朝一日，当优雅和淡定成为生活的常态，我们的心灵真的就富有了，也就不会人人被急躁所控制而无法静下心来欣赏或思考，也就无需再山寨了。当淡定成为国民的标志色时，创意就会围绕在我们身边，我们自然会淡定地不再"哈山寨"。

首相意识

2013 年 09 月 14 日

　　1997 年 7 月,还在《新民晚报》海外部工作的我,至今仍清楚地记得当时英国首相布莱尔上任之时的就职演说词,其中他清晰地向所有英国民众承诺:"我一定努力将伦敦打造成为世界的'设计之都、创意之都'。"当时我听了深有感触。而十多年后,就如当初布莱尔就职演讲所说的那样,伦敦在世界上首先实现了这个称号。

　　从发表演说至今,布莱尔一直亲自担任着"创意产业特别工作组"主席,却始终"执着"地抓着创意产业这一"小"块不放。很多人不禁疑问,仅仅伦敦一个城市的创意产业怎么会是一位国家首相应该管的事呢?我们早习惯了越高位的管理者越是"抓大放小",实在不习惯布莱尔的"御驾亲征",然而伦敦创意产业的蹿起不得不让人收起之前的质疑,心服口服。首相喜欢为百姓做得更具体、更细节,有什么不好?

　　前不久的上海"世界城市的设计创意战略"论坛上,我有幸与伦敦设计节创立者索雷尔爵士做了一次简短的交流,在他眼里,设计创意不拜金,创新回归到本位。伦敦设计节上的诸多作品,都充满浓浓的生活情趣,或者让人会心一笑,或者沉思良久后幡然醒悟,它们都幽默且智慧满满。如今,创意在英国已经成为人人都可参与并展示才华的工作，门槛不高，但想要有所成就还需要更多想法。

索雷尔爵士说，英国的很多政府官员、创意人士都很重视享受创意过程带来的快乐和美好体验，而不太在意创意带来的经济利益。相比之下，北京、上海、深圳等城市都想被冠上"设计之都"称号，然而早早挂上名头是否真的名副其实呢？

我想，我们做的还不够。前英国首相能让伦敦成为"设计之都"，离不开他对城市发展细节的高度重视，他让创意真正成为市民生活的一部分，而全民参与的普遍性正是我们所缺的。不少创意活动声势浩大，但充其量却仍然只是一场表演，实际上市民们真正收获的却不多，这说明我们的创意设计缺乏一种持续的生命力。"首相意识"如果能成为一种启示，我们的设计是否会更精彩？

"炸掉"烦恼

2013年09月21日

生活在高度发达的城市中,人们的幸福指数却不及一些二三线城市的人。即便工作繁忙也会抽出几天时不时到古镇、河川、山间进行"农家乐",这些现象太过普遍,这正好说明都市里的人正在试图逃离城市的压力。难道这压力源自优渥的物质生活?未必,真正令人烦恼的是空间危机、视觉危机和情感缺失。

我们有大量的现代建筑,一到夜晚还灯光如昼,可是这些拥挤的建筑却阻挡了我们的视线,让生活透不过气来。我不禁想到,2001年第一次去瑞典斯德哥尔摩的时候,当地陪同带着我登上山,指着整个城市对我说:"看看这座城市多漂亮,都是百年的历史建筑,只有东南方有两栋三十多层的现代建筑。议会包括所有市民都在进行大讨论,看是不是要炸掉它们。"当时,我对这个争议感到有些吃惊,我明白对于一座古建筑保护做得近乎完美的城市而言,现代建筑的出现的确显得突兀,然而为了保持原貌而将已经建成的新建筑炸掉的想法在国内几乎是没人敢想的。更令我吃惊的是,陪同说多数斯德哥尔摩人乃至其他地区的瑞典人都支持炸掉!

我不得不为瑞典人植根于心底的对城市面貌保护的决

心,或许对他们来说,与其天天看到这些令人烦心的"丑家伙",还是长痛不如短痛的好。对比之下,我们城市里造型各异的高楼越来越多地取代了石库门这样的老式建筑,这其中又包含了多少建筑与历史文脉之间的不传承?一个隔断地方文化的建筑又怎不令人烦心呢?像斯德哥尔摩那样,大刀阔斧地"炸掉"现代建筑是不现实的,但炸掉意识上的断层,重拾建筑的文化继承,或许能减少些城市的焦虑和烦恼。

草根优势

2013 年 09 月 21 日

创意，离不开对生活的发现。在这一点上，草根艺术有更大的优势。

这是伊斯坦布尔双年展告诉我们的。走过弯路之后，土耳其人明白了，要让世界记住你，而你又没有伦敦那样的先发优势，怎么办？那就试着向民间要智慧。奥斯曼帝国当年地跨欧亚非，创造了辉煌的文明，虽然，帝国今已烟消云散，但当年的文明却隐伏并扎根在民间；更加可喜的是，民间艺人在土耳其还很多。

相比之下，我们的情况就不容乐观了。改革开放 30 年，随着市场经济大潮一浪高过一浪，名家名作收藏价值水涨船高，而许多原本藏于民间的工艺和绝活却因为找不到传人而失落，而湮没了。和土耳其一样的是，我们的创意设计起步也晚，虽晚了，但我们还有传统的历史优势，将传统艺术利用好了，自然就有了"中国声音"。

何谓中国声音？中国民间积淀了代代相传数百年、数千年的工艺作品，数量可谓是汗牛充栋、难以尽数；中国民间隐藏着更加丰富的奇思妙智，他们大都装在今已耄耋的老者心里，再不抢救就真的完了。因此我们要大声疾呼，赶快去民间，去闻"泥土"的气息；赶紧发掘，赶紧像土耳其那样"四位一体"，有组织、有计划地发掘、整理、升华民间艺思吧。

"垃圾"不赖

2013年09月28日

伦敦奥运会、再生资源艺术都告诉我们：循环设计，关键看艺术。

循环设计，核心是人。时代在发展，物质水平在提高，人的生活品质当然也要跟着水涨船高。人是自然的一部分，开着豪车吸着废气、喝着脏水当然不行，正所谓金山银山、绿水青山一个也不能缺。

伦敦大学学院的环境设计专家奥利弗认为"循环设计不但要求材料环保，建成后的使用也要保证环境可持续发展"。所以，英国皇家建筑师学会本世纪初就将循环建筑纳入评奖的视野，钢筋、水泥、泥土，当然都要循环，就连秸秆、糠麸也被加入设计，变为墙板。的确，一想到环保，我们首先就是在材料本身上挖空心思，用什么材料造房子可降解、用什么元素制作装置不污染环境，其实换个角度想想，如果能利用好现有的、被淘汰但仍可使用的材料不也是一种再利用吗？"循环设计"的作品之所以能绽放出独特的自然美，其循环设计方法尤其重要，既解决了废弃物的去处，又为新产生的艺术提供了可能，可谓鱼和熊掌都得到了。

设计创意，想用艺术吹响循环利用的集结号，就该放开眼光。高品质的生活带来的高损耗,必然会给环境造成越来越大的压力。老房子永续利用,要艺术来设计;老物件要再生,还得靠创意来点化。唯有如此,废弃材料才可循环往复,境界常能出新,诗意生活才能达成。

艺术急救

2013年10月05日

　　为了下一代的居住，我们从现在开始努力还不太迟。

　　一直到上个世纪，我们对环境的改造始终是立足现下，从不考虑这些举动是否还能让下一代过得好。首先，我们不该预支儿孙的幸福。蓝天白云、青山绿水和洁净的空气、良好的生活都是下一代应该享受的权利，"拉着你的手却看不清你的脸"的空气肯定是儿孙们不想要的。他们不想要，我们也无权去制造，更何况现在这些顾及后果的举措已经让我们尝到苦头了。如今我们能做的就是让衣食住行更人性、更绿色并可持续，这种努力的过程中，艺术不可缺席。

　　不管是历史的遗存再生，还是新添的作品，艺术都是点化它们的主力队员。科学技术离开了艺术就会少了灵性、少了激情，更少了境界，科学与艺术就如大鹏的两只翅膀，并驾齐驱才能一跃冲天，出神入化。去检索一下人类历史不难发现，每一件艺术精品的产生都是如此。

　　然而，现实中，科学技术与艺术追求往往不能为伴，因为某些人的长官意志或者决策者的见识所限，落单的科学或者艺术只落得"肌肉男"抑或"花瓶"的结局。仿生学的原理告诉我们，大凡力学结构极佳的生物结构，总是极养眼的，因为人就是生物的一种。所以从现在开始，大家的意识里都填满"科学与艺术"的养料,并躬行之。

要让我们的后代生活在更好的环境里,还得现在开始用艺术来急救。

地下"大院"

2013年10月12日

上海地铁二十年的飞速进步让人梦想成真,上海地铁的艺术化环境营造成绩同样让人欣喜不已。

上海地铁环境艺术化进程中,政府功不可没,处处强调亲民。今年元旦启动的"地铁文化周"项目,规模大,参与人数多,标志着沪上公共文化新一轮设施建设的全面启动。而《上海地铁公共文化建设(2013—2015年)三年行动计划》更是雄心勃勃,它是4个方面的立体布局:新建的18个车站,装饰各类大型浮雕壁画,布置70座车站近100幅大型浮雕油画;标志性枢纽型车站,"上海好儿女"形象和事迹上"广告黄金地段"灯箱,新建地铁车站预留30米长的公益宣传长廊;开设上海地铁音乐角,布置文化展示长廊;车厢内的展板拉手,布置中外诗歌、城市新老八景、名家名画名言等等,打造"上海地铁文化列车"。这些具体切实的文化艺术建设措施,不仅让上海地铁在理念、科技手段上,与周边开发的结合上在国内领先,艺术环境的营造水平使上海地铁在国内的领导地位也更为巩固。

应该说,上海地铁艺术是在分享了国际地铁文化的基础上向前进步的,由于加入了上海海派文化的地域特征,相信未来也成为国际潮流中的一个重要艺术流派。

将地铁加入地下艺术空间的"大家族"在上海刚刚起步，因此不得不关注的重点是，上海地铁百尺竿头可否再进一步？随着地铁空间的越来越大，地铁站越来越宽敞，我们当然可以为市民创造更多的艺术和休闲空间，地铁站更可以建设成为附近居民的"文化艺术活动站"，使之成为市民休闲娱乐的好去处。在这里，大家可以谈天，听书，演节目，琴棋书画，样样都可闪亮登场，那时，地铁站就成了大家的"文化大院"了，引领世界地铁文化艺术潮流当然也就水到渠成、顺理成章了。

　　这也需要我们的政府有组织地规划、引导和扶持，还要找好领头羊。

来自回归

2013年10月12日

很多人之所以认为当代艺术晦涩难懂,很大一部分原因正是抽象艺术作品常常让人摸不着北造成的。所幸的是,当代艺术家们正在努力改变着这种现象,从"自然"中来,并回归"自然"中去。

这里所说的"自然"是广义的,一切与人有关的内容都是"自然",其中与艺术息息相关的重要题材还是有关生活的一切。追根溯源,抽象最初只是简化了线条和具体形象,用形状和色块抽象出某些具体形象的特征的方式,即便是西方早期的抽象派们也只是将具体形象进行简化,以此或隐喻、或突出地表达自己对社会的认知,并希望得到更多人的理解。直到20世纪一些"叛逆"的现代艺术家们弄出了不少不明所以的绘画、雕塑,抽象艺术似乎开始走进了越来越狭小的"胡同",人们对抽象艺术以偏概全的理解也越来越突出。虽说追求新和变是艺术不断前进的动力,但越来越脱离生活本质的抽象还能成为广泛的"艺术"吗?充其量也不过是小众的自娱自乐罢了。

抽象来自生活的这种观念,即便是在被当代艺术家们奉为"现代艺术的守护神"的马塞尔·杜尚身上也可见一斑。他所创作的作品也偏爱从生活中取材,最著名的《喷泉》就是以小便池为对象设计的。他的这件作品虽然引起了无数争议和反对，但却切切实实地让每个观众都感受到了这个意象背后的讽刺，大家都明白当这个便池被设计之后，它就不再是单纯的生活用具，而是被赋予了其他更深层的寓意。

然而走上街头我们不难发现，很多雕塑作品不但丝毫找不到创作原型，有些甚至看不出究竟想表现什么，让人不明白它被放在街头是何寓意，这样的作品无论谁看了都是一头雾水，更谈何理解和共鸣？当生活现象渗入到抽象作品中，就仿佛形成了一个三角循环，先以人们对生活现象的固有概念引领观众关注雕塑，再由雕塑的特殊设计让观众打破对这里的生活用具固定的理解，产生隐喻的新含义；最后对雕塑的情感体验又能使观众对生活产生更多的思考。

让生活融入抽象，同时也使抽象更贴近现实，才能让抽象真正成为有意义的艺术模式。越来越学术化、理论化的抽象艺术是时候该回归"自然"的状态了。

交叉疑惑

2013年10月19日

　　刚刚从日本伊豆半岛上池田20世纪美术馆参观了一场有关安迪·沃霍尔的作品展回来，就听闻同一时间在北京居然也在展出他的代表作《玛丽莲·梦露》，并且声势浩大。我不禁感到一阵疑惑：难道这幅《玛丽莲·梦露》分身有术？

　　我的疑惑并非是对作品真实性的探讨，因为本身艺术展上出现一些经典作品的版画和复制品也无可厚非，但是令我感到不安的是，这样平行出现同样一件作品，即代表了总有复制品存在，那么为何在展出说明中并未提及？不知情的观众看得正欢，我却感到一阵不安。

　　事实上，这样的事情并非独此一例，我曾在不同的画廊和会所上看到同一件吴冠中先生的作品，而他们都并未写明这是否是大师真迹。这种并不少见的"糊弄"也许并不是为了让人以为是真品，但至少这是一种不以为意的态度，作为万千艺术爱好者之一，当我无法分辨看上去一模一样的作品时，我感到相当困惑，甚至忍不住怀疑也许这些作品中一件真品都没有。

　　这或许是我的多虑，但我相信会和我有同样"平行疑惑"的人不在少数。尤其是现下国内外经典艺术家作品展越来越受欢迎，我们能不出国门看到的重量级展出也越来越多，如果这种疑惑成为常态，我们又该以怎样的心态去看这些经典作品？这些作品的到访还能带给观众惊喜和感动吗？

　　本来，艺术展的丰富多样并不一定要以贵重的原作来衡量，即便是版画，即便是精致的复制品，能带给观众的体验也不差。如果为了增加展出的吸引力，刻意隐瞒了作品的"替身身份"，反倒失去了展出的意义。如何消除观众的"交叉疑惑"，也是更新艺术展出观念目前需要思考的，因为一旦造成观众对作品真实性的怀疑，势必本末倒置。

"赠品"王牌

2013年10月26日

　　谁说商场内雕塑作品不能大气恢宏？这次我阿联酋迪拜购物中心正大厅看见有一件超大雕塑与装置艺术品，正打破了这种"想当然"，让人看到真正的商场艺术介入。

　　在购物中心或是机场宽敞的空间摆上零星的具有创意的摆设，或者布置出引人注意的橱窗，那都只是设计介入，并不算是真正意义上的艺术介入，尽管美化了商场氛围，但在消费者的心理上并不能构成和在美术馆相似的艺术审美情绪。也许有人觉得，迪拜购物中心出现超大艺术品，是因为迪拜财大气粗，什么都敢挑战，然而反过来想想，这种打破常规定势的决策或许正是使迪拜商业高度发达的原因之一。当消费者被这件震撼人心的雕塑装置吸引，想要一探究竟时，他们便自然而然地进入了消费范围，在得到了艺术享受之后，再要他们掏腰包似乎变得更顺理成章了。他们走进商场，便得到了超大的视觉"赠品"，商家的艺术揽客实在是隐晦又直接。

　　那么，仅仅依靠设计介入就无法满足消费者的审美心理吗？我想，这还得根据场所的不同功能来判断。比如在旅馆，超大就不合适了，为了吸引客人入住，旅馆就需要细节之处的温馨体贴、甚至给一些小惊喜，才能让人安心下榻。试想，如果在旅馆里看到这些和真人一般大小的"跳水运动员"，谁都会怀疑是走错地方了吧？而在大型的购物中心、商场以及机场之类的场所，本来空间上的广阔就决定了这些场所需要真正的艺术品来提升空间品位，迪拜的这件水型背景外加立体雕塑的大个子作品无论放在哪个当代展上都能大放光彩，出现在商场中，能不让人喜爱吗？

在国内，一些以艺术性为卖点的商场也越来越多了，比如最近正火的K11、环球港，但是即便是它们，也很少能看到这样融入商场环境的大型艺术品，这恰好反映出我们在观念上还是没能真正出现艺术介入。随着如今商场理念的更新，在购物空间精致化、人性化的同时，如果能更准确地把握艺术在其中的分量，打好这张视觉"赠品"的王牌，也许我们的商业也能像迪拜那样，出现更为成熟的商场模式。

炒作现象

2013年10月26日

廖文德小朋友可以说是一位"艺术家",但却不能称之为艺术家,有无双引号正是代表了两种截然不同的身份定位。"艺术家"是戏称,而并非真正的艺术创造者。

廖文德的画在视觉上的确有种超越了同龄人的非凡,因为在整体上看,确实有色彩和线条的协调性。但是根据孩子父亲的微博评论我们不难看出,孩子在作画的时候更多地是在享受涂抹、泼墨的过程,她并不在意最终画出来的效果如何,也完全没有希望通过这些线条圆点表现出一些深沉的思考。反倒是一些成年人一边看着这些画,一边进行想象,给画面下定义,不管看不看得懂,都把它们当成是抽象艺术就完事儿,一位天才"艺术家"就这么"诞生"了。

本来这种现象也没什么不好,但是特意为这样的一些作品举办画展、甚至出版画册,目的究竟是什么?我始终认为,这其中炒作的成分居多,因为一个两岁多的"艺术家"实在是太有噱头了,再给她的作品冠上"抽象"二字,那么无论观众看不看得懂画的涵义就无关紧要了。显然,这样的画展并不能给人带来真正的艺术享受,充其量也就是图个稀奇。

在这里,我并非要否定廖文德的潜质,而是客观地分析她成为一位两岁艺术家的可能性,联想到动物画画,在欣赏这样的画作前，我们是否先该考虑到绘画者是否有"创作"的可能？显然，两岁多的孩子是无法进行复杂的构思活动。他们的出现可以是一种善意的娱乐，但却不该成为打着"艺术"幌子的炒作。

那么，能将他们成功炒作成艺术家的现象，无疑就说明了人们对什么是真正的艺术并不那么清楚，这一方面是有心者刻意含糊定义，但也少不了艺术市场本身的鱼龙混杂。一些明星、官员的兴趣之作也时常被捧上天，其价值往往与艺术性无关，更有些职业画家也打着"抽象"的名头大肆创作些不明所以的东西出来。这些本就让普通人摸不着北了，又如何要他们区分清楚"艺术家"和艺术家呢？

显然，比起打压炒作，建立好艺术市场的规范更是重中之重。

走"文艺范"

2013年11月02日

  仿生设计，永远是个不过时的话题。如果说，各种横平竖直的设计是普通青年的话，仿生设计则更像文艺青年了。试想，每一盏台灯都被做成了蜘蛛、蚂蚁、螳螂的样子，小虫们的脚变成了台灯的支架，而灯泡变成了小虫们漂亮的身体，就连包装它们的纸盒上还体贴地开着好多小孔——呼吸孔，为的是方便里面的小虫们呼吸，于是，原本平淡的生活顿时就被虫形灯点亮了，你不想买？

  仿生设计的魅力在于借助艺术想象，对生活原型进行取舍、提炼，打开想象的大门进行创造性的摹拟，这样的设计抛弃陈规戒律，打破司空见惯，捧出出奇不意、惊世骇俗。面对这些不受羁绊、个性飞扬的美，谁能抵挡这样的魅力？

  更重要的是，生物机体的形态结构是千百年来为了维护自身、抵抗变异进化渐渐形成的，它的形态肌理的扩张感，使人们都感受到生命的活力和崇高，唤起我们珍爱生活的潜意识。观其形，察其色，美好愉悦的感觉里，人与自然融合了，亲近了，仿佛在镜子里看见了自己，对立没有了，不安没有了，幸福感自然就来了。

  因此，我以为，不仅要让大家欣赏仿生设计的无穷魅力，还可以创造条件让大家更多地参与进来。比如设立一个仿生设计节，征集市民各种各样的仿生设计作品，择其优者办展览，择其优者产品化，既给仿生更大的舞台，又同时收获不也挺好？上海每年都有设计周，把这项活动就放在其中，作为一项内容，一项全民参与的活动，做大了，成熟了，还可向全国、全世界推而广之。海纳百川的上海若能引领起这股"文艺范"仿生潮流，一切皆有可能。

该谁认可

2013年11月02日

行为艺术作为一种城市文化生态，有其独特的生存价值和空间。尽管有人喜欢、有人讨厌，但总体而言，近年来行为艺术发生的种种让人碍难首肯。

固然，行为艺术打破了"艺术与非艺术"、"艺术与生活"的界限，行为艺术家走上街头、走进地铁，观众往往还成了其作品的群众演员，共同去完成艺术作品。但所谓的行为艺术挑战道德甚至法律底线者常有发生。澳大利亚行为艺术者将在上海的新天地构玻璃屋表演"全透明"生活的消息引发众人关注，然而后来不了了之，原因为何？还是政府不认可，老百姓不习惯所致。

行为艺术家谢德庆在1980年至1981年间，每小时都用普通打卡机自我打卡一次。这一年，这位艺术家变成了这个世界上最忙的人，无论吃饭、睡觉、工作，只要闹铃一响（一小时一次），他就立刻打卡。这件名叫《打卡》的行为艺术作品背后的艺术灵魂是什么？恐怕答案很难一致，但它受到好评却值得研究。它将观众拉到了熟悉的环境氛围中，才让观众感到惊喜，而非惊吓。

无论社会怎么开放怎么自由，当代艺术的核心字眼还是"艺术"。行为艺术同样不能违背社会公理，不能污染公众视觉，艺术表现的目的、欣赏者的印象都应该是美好的，行为艺术就是艺术本身，而不是为达到某些目的使用的手段；行为艺术应该趋向人文主义的真善美，趋向人性的健康和阳光。

以上海为例，由于城市本身的环境氛围和人员构成等都很复杂，城市文化作为凝聚城市力量的纽带就显得格外重要。良好的、积极的、充满正能量的行为艺术其实非常适合这座多元化的活力都市，行为艺术作为一种表现形式，它更能反映出城市当下的文化想象力，请不要将它们一竿子打死，用心选出那些适合的、生活的、让人习惯的，不是更有价值吗？

要想在街头看到更多好的行为艺术，还需政府更多的助推，以及表演者自身对城市环境更积极的保护。

"穷"也高傲

2013年11月09日

大多数艺术家骨子里都有股傲气,因此很多影视作品里塑造的艺术家形象都是受穷一生却始终坚持自己的艺术态度,我觉得,好的艺术展同样应该有态度、有性格。真正好的艺术作品,即使"穷"也掩盖不了骨子里的高傲,在重庆有一场"最贫穷"双年展出现后,我不禁在想,这不也吻合我们一直提倡的环境生态概念吗?在艺术展众多,甚至隐隐有泛滥之势的今天,出现这样一个反其道者,正是给了我们一个突破现状的思考机会。

现在有许多艺展反映平平,很大的原因恐怕还是展览大同小异的模式吧。纵观国内的大型双年展,无不在"拼",拼规模、拼名家、拼场地、拼国际范……仿佛用来衡量展出好坏、吸引观众入场的就是这些"大规模、高耗费"的作风,大有比比谁后台更硬的"拼爹"之势。再反观今年的重庆青年美术双年展,尽管号称着"打造最贫穷",但却恰好胜在了这份经费短缺带来的朴素上。

这场双年展打破了观众看展只看"名气"的普遍心理,让我们更清楚地意识到这种心理不能简单归咎于观众自身鉴赏力不足之类的原因,策展方更应该负起责任,弄出让观众更愿意看、愿意留的好艺展。这就需要策展人将艺术展变得吸引人，而做到这一点需要的是对展览作出更合理的规划，而非简单地依靠名人效应或者几件名作撑场面。尽管2013重庆青年双年展是出于经费不足才会立足打造"最贫穷的双年展"，但正是这样的变通，让我们看到了多年来靠砸钱和拼排场打造艺术展的模式，并非与艺术展生命力成正比的。

这并不意味着花很多经费精心打造的艺术展就不可取，而是应该给众多年展、双年展、三年展分个类。这次的重庆青年双年展巧妙地打了架上绘画的主打牌，让这场双年展成为了"小家碧玉"；如果是以装置、雕塑等对场地、环境有更高要求的作品为主，或者本身就是一场展品众多的综合大展，那么自然是成为"大家闺秀"更适合些。

整体介入

2013年11月16日

　　过去,人们所理解的街头雕塑仅仅是作为一种城市的美化道具,然而在现代化的城市建设中,街头雕塑越来越多地承担起了彰显城市精神的重任,而且恰好让城市雕塑回归到了它最初的原点:古代城市中的雕塑往往最能体现城市特有的文化传承。

　　在许多艺术发达的大都市,街头小巷的艺术介入早已成为了一个成熟的阶段,无论是雕塑、装置还是公共设施的小设计,无不体现出当地最独特的城市精神,让游客充分感受到这座城市千百年传承下来的"个性"。而相比之下,我们的公共艺术却常常是断层的,在过多强调现代性后,城市曾经的历史记忆却常常看不见踪影。少了文化的完整性,公共艺术自然也无法完整,那么又该怎么介入老百姓的生活中呢?

　　要知道,公共艺术的最主要目的绝不是单纯的装饰和点缀,更不是追逐现代化的工具,公共艺术无论何种形式,都应该从美学的、哲学的、历史的、社会的角度出发,去涵盖有深度的地域文化底蕴,这样创作出来的作品才会离百姓更近,才能让观者得到更多信息、引发更多思考。

　　上海作为国内艺术交流最多彩的城市之一,已经比很多城市先行一步,尽管比起真正一流的艺术大都市却还是"比上不足"的,但是每年众多的艺术活动让我们看到了本土艺术家在城市艺术观念上的不断更新,相信他们今后不断创造的城市新文化必将能更好地链接起城市的历史与未来,全面介入百姓的生活。

加人情味

2013年11月16日

　　小厕所不仅是大问题，还是艺术的广阔原野。坐便就像坐上了沙发，你上过没？厕所的卷纸是双层的，反面是一段段笑话，看着笑话上厕所感觉如何？笑一笑，排得快呢。完成任务后，把手纸两面分开，一面是手纸，另一面看过的笑话就可以丢进纸篓里。还有，当你如厕完毕，一个很好听的女性语音提示：请您抬高臀部。而后会有一个智能化的喷头探出来，替你完成冲洗、消毒和烘干，最后一道工序就是喷出淡淡的花蕊汁。等你走出，厕所的工作人员发给你一块精美的巧克力和一枚上过这种智能化厕所的纪念牌。你什么感觉？

　　厕所艺术需要大家一起努力。日本就有一个民间团体美化协会，各地都有分会的，协会的会员不定期地到学校、企业开展清扫厕所活动，号召人们维护厕所卫生，塑造干净优雅的厕所文化。这个协会提出了人们亲自打扫公共厕所的五大好处：能磨练人的心灵，能让人变得谦虚，能让人更加细心务实，能让人学会感动，能让人知道感激。所以，我们各地在大兴星级（外观似别墅、豪华酒吧的，里面放红木椅、鲜花的，名为"舒园"的）厕所的同时，可否也学学人家，软件升级了，小厕所真就有了文艺范儿了。

艺术更正

2013年11月23日

艺术在社会发展中所处的地位非常特殊，它可以通过不断创造和更新内容与形式，产生对社会的全新思考。正因如此，对待日益严峻的环境问题，艺术就该当仁不让。

"环保艺术展"这一类的活动不算新鲜，但将环保问题通过艺术的手段来揭示却很可能成为今后艺术创作的主题和热门话题，因为艺术总是会冲到社会问题的最前线，冲击每个人的意识。上海作为国内艺术活动较为丰富和成熟的城市，同时也是环境保护问题的意识先锋，有这样一场在陆家嘴中心地带举办的露天环保艺术展正表明了要树立全民环保意识的行动力。

的确，看看我们的环境，雾霾天气几乎成了家常便饭，呼吸道等突发疾病患者常年挤满医院的点滴室，高架、地铁等公共场所的不文明现象……透过发达的网络，这些破坏城市形象的因素让我们无颜以对，但也让更多人意识到了哪怕是随地吐痰这样的很多人不以为然的行为，不仅是在破坏环境的卫生，还给了我们的公共道德素养一记响亮的"耳光"。

用回收来的废弃品制作装置作品，是艺术介入生活的表现，艺术家通过创意，不仅是要给所有人一种警示，实际上更是在批判整个社会在树立公共道德上的无力。试想，会对这些艺术作品产生兴趣的往往是已经有意识地关注到环境破坏问题的人，而那些看不到展出的绝大部分人也未必能体会到艺术展想要体现的意图。如何能在人与人之间架起一个良性的循环、将艺术所要传达的理念意识通过更多多元化的途径真正做到全民参与，这应当比策划展出更先考虑起来，才能保证有更多人主动来看、主动来想、主动去做。

追溯基因

2013年11月30日

当代艺术一直是个争议不断的话题，原因主要是很多作品常常以过激的观念、过激的形式来挑战人们的底线，包括人们传统的思想以及道德观、价值观等等，这往往与观众期待审美的心理相违背，因为这样的作品总是表达消极的、丑陋的社会阴暗面。于是，很多人对当代艺术产生了质疑：这真的算得上艺术吗？难道不是对"艺术"这个概念的泛用？

看到今年的佛罗伦萨双年展学术主题——"伦理作为艺术的DNA"，我顿时觉得有了头绪，这是以一种跨界的语言在启示我们，当代艺术发展至今，不脱离艺术本质的元素究竟是什么？有多少被传承了下来？又有哪些被忽略了？这对于当下艺术家泛滥、艺术作品无病呻吟的现象简直就是一击即中：但凡有点名气、有点地位的人闲暇之余画个画就成了"著名艺术家"的比比皆是；弄出些奇形怪状、让人见了就害怕的物体也称之为装置艺术，甚至号称致敬"波普艺术"经典……无论形态观念如何，艺术的最终目的应该是让人能在反思现状之后得到审美享受并且得到积极正面的力量，而眼下的不少所谓当代艺术却靠着猎奇、消极的"怪物"哗众取宠，这不仅让观众得不到美的享受，更混淆了人们对艺术的理解，使艺术遭受到质疑。

尽管提倡艺术普及，但这不意味着以泛化艺术为代价，要做到全民懂艺术、爱艺术，首先要让观众能看到更多正面的佳作。国内每年大大小小的艺术展很多，但在国际上打得出名号的却少，反而一些西方经典大师作品展来到中国就大受欢迎，这相当需要我们反思。

所幸的是，要追溯艺术的 DNA 并不难，各种流派多少都留下了经典的作品，当我们回头看看文艺复兴时对人性自由与解放的要求，是否就会发现现在的艺术有些解放过头了呢？相信亲眼见过还能思考得更多。

固化常青

2013年11月30日

也许是政治感受的缘故，不仅德国，东欧很多国家对待红色艺术都采取了"收缩"与"冷藏"的方式，但是空气虽冷，艺术依然火红。

东欧原很多国家将红色印记从原本的显要悄悄挪至隐秘之地冷藏起来，匈牙利就有一个共产主义雕塑公园。公园在布达佩斯出城的7号公路西侧，看到一面红色砖墙便是公园的大门了。

西方也曾热炒前苏联"当代艺术"。同样，前苏联当代艺术也是在美苏"文化冷战"的背景下产生的。相当长的一段时间，在莫斯科郊区的里亚诺佐沃火车站周边，出现了一个"里亚诺佐沃群体"的非官方艺术家聚居区。艺术家们从事抽象形式主义实验，另一部分则受美国波普艺术影响，装置一些日常物品。比如罗金斯基，用收集来的日常生活的杂物，做成艺术品，试图营造压抑的氛围，表达生活的无聊、不自由。比如，他的"红门"就是一扇真实尺寸的木门，漆成极其夺目的鲜红色，而门的把手却是被时光磨蚀了的黯淡斑驳——一如所有苏联平常百姓的公寓房的门把手。

此时，美国等西方国家的有些人，以外交官等名义，偷偷拜访这些地下艺术家的画室，购买、鼓励他们的作品。

经济史家诺顿·道奇（Norton T. Dodge）早在 1955 年就来到前苏联，收藏 12000 多件时间跨度从上世纪 50 年代到 80 年代的前苏联"当代艺术"品。经他之手，罗金斯基一批作品在 1965 年得以在美国新泽西州的一个美术馆展出。

  1988 年，趁着前苏联动荡之机，苏富比拍卖行干脆到莫斯科，举办了一场"俄国前卫与苏联当代艺术"拍卖会，直接给予苏联"当代艺术"资本和市场的支持，那次拍卖总额达两百多万英镑，在当时的苏联是一个巨额数字。有评论说，苏联"政治波普"在纽约火红的年代，几乎每家纽约画廊都在展卖几位前苏联"当代艺术家"，而业内的评论家的说法更直接：无论出于什么目的，艺术记录的时代被固化了，艺术之树的叶子总是常青的。

需要空间

2013 年 12 月 07 日

当艺术遇上房租,不用问,败下阵来的肯定是艺术家,因为他们付不起高昂的租金。正如艺术需要一些狂野、需要一些激情、需要一些不问规则,但是一旦艺术上了"管理的台阶",商业必然挤兑出了艺术。

艺术的特性决定了做艺术的人能够成功、能够功成名就极不易,流芳百世的作品和作者更是凤毛麟角。他们实际上没有多少收入,有时连"活"都是个问题,当然,最糟糕的还是一身的艺份无人喝彩,于是他们中有些人走向了街头。

所以,给他们一片自由的天空,当然也不需要多大的地方,只要平等和尊重,有时这个城市或某个广场也会因他们的出现而出彩。

我们的城市需要双年展、艺术节、设计节,也需要街头的流浪艺术家,因为冷不丁撞入眼帘的蒙娜丽莎很养眼也很独特,可是,这种草根艺术很脆弱、很胆小、很弱势,风吹草动,立刻就踪影全无,所以还是请大方地给一点细心呵护。

来自挪威的阿勒(Arne Winness)会在广场上一眼就认出从兰桂画的毛泽东像,还知道他画毛泽东像是因为国庆,他赞叹:"画得太像了,这位'艺术家'很棒!"从兰桂也说,艺术水准"达到一定高度以后,想开一个画廊",这几乎是他一生的梦想。

是谁遭殃

2013 年 12 月 07 日

所谓艺术的真实，指的并不一定是具象的表达，更多地是指艺术欣赏带给观众一种更现实、更直白的思想传递。对于上海乃至全国来说，环境保护、废物循环等等问题已是迫在眉睫，就说最近两年严重的雾霾天气，这不能不发人深思。环境污染归根到底还是产生于对自然资源的过度使用以及工业发展的不科学。

大概是感受到这种变化，越来越多的艺术家喜欢创作让人"怀旧"的作品，到回收站"淘宝"是很多艺术家、设计师喜欢干的事。艺术家们爱废旧物品可不是什么怪癖，而是他们开始意识到人少了惜物的心态，可不仅仅是喜新厌旧的表现，而是反映出对大自然的恩惠逐渐失去了回馈感恩的心，环境破坏、污染的问题归根到底也正是不惜物造成的。也许一时半会儿，环境污染问题不会让人死亡、不会让人无法生活，但有谁能保证今天的随意处理废弃物、过度使用燃料不会在百年后让我们的后人遭殃？这并不是危言耸听。

每个年代的艺术都有针砭时弊的特殊使命，它就像社会的督察，无时无刻不引导着社会发展。上个世纪的艺术家积极地救赎着在社会飞速发展中迷失自我的人，那么 21

世纪又该是怎样的主题呢？我想，环境问题应该是当仁不让的首位吧。人类不断消耗着能源、制造着垃圾，人与自然、人与整个生态之间的平衡早已被打破，艺术的大力介入几乎使得以"废弃物"为主题的创作可以独成一派，在独到的领域中让更多人变得清醒。就说这些日子的 PM2.5 重度污染，虽然政府有意关闭了一些以烧煤方式运作的企业，但这并不能从根本上解决问题，如何长期有效地治理污染源才应该是重点。

　　能被艺术家从废物堆里"拯救"出来的废弃物毕竟是少数，但希望这些"少数"可以让更多人在艺术的形式中感悟更多，避免不必要的丢弃和浪费。

文化 GDP

2013 年 12 月 14 日

随着文化创意产业的大力提倡，随着环境问题的越来越严峻，各地以"艺术"的名义举办的双年展、艺术节、纤维艺术展、海报展、设计展、数字艺术展，烧热了上海、北京、深圳、广州、成都、杭州、武汉、长沙、乌鲁木齐，一个个你方唱罢我登场，热闹非凡。

但是，细心探究，你就会发现，他们都有共同的特征：国际化、艺术性、开放性（免费）、亲民，其实还有一个深层的共同特征：政府主导，专家主演，而"艺术（文化）GDP"的追求则"不足与外人道也"。如果你还有心，你还可以发现：这些各种名义下的展、节、周，参展的还是那些人，还是那些作品，只是名头变了、地点变了，正所谓"你要的是 GDP，我想的是名分，各取所需"。

首届杭州纤维艺术三年展刚刚落幕，举办者说，"展览从中国传统的语言文化中抽丝剥茧"，其意图不可谓不深，可是，来自 16 个国家的 45 位艺术家的 186 件作品，在媒体中只剩下清一色的外国人名。表达的是"中国传统的语言文化"，唱主角的却是洋人，是媚外？票房？还是满足领导的心思？不清楚。再看这个节有一个重头戏——在地创作，是法国艺术家弗朗索瓦·戴罗、韩国金顺任、印度拉齐·佩斯瓦尼、加拿大菲利普·比斯利及保加利亚艺术家维吉尼亚·马克洛夫，还是没有一个中国人名，而我则相信能将蚕丝纤维艺术发挥到极致的肯定是中国艺术家，因为地球人都知道把丝绸的境界玩儿到极致的是中国人；更何况"高手在民间"呢？

《现代汉语词典》中"艺术"的解释：用形象来反映现实但比现实有典型性的社会意识形态，包括文学、绘画、雕塑、建筑、音乐、舞蹈、戏剧、电影、曲艺等；形状独特而美观的。可见，让人愉悦是其基本特征之一。而现在，以艺术名义的各种节展创意，大多只让人"吐槽"。

艺术远去，节展的心就被抽空了，附着在其身上的各种愿景都成了臆想。

先被读懂

2013 年 12 月 21 日

为先贤而立的纪念性建筑，大多是为纪念其功绩或思想而设者。这类建筑首先要做的就是读懂被纪念者的思想和理想，并在此基础上以艺术的方式留住其精神。

平心而论，我们现在的哪座纪念性构筑首先想到的是这一点？湖南省发改委给岳阳汨罗屈原博物馆建设项目的批复中第一句话就说"为加速县域经济的发展，丰富我省旅游资源，同意建设汨罗市博物馆暨屈原博物馆项目"。杜甫草堂呢，也是为了旅游啊！正因为如此，我们的地方政府才会如此冲动，才会以三年为期，大干快上，而不会去体会杜甫的"八月秋高风怒号，卷我屋上三重茅"、"床头屋漏无干处，雨脚如麻未断绝"，堂和馆才会奢侈、夸张和惊扰，惊扰先贤的思想、惊扰他们的苍生之念。

德国海德堡老城是二战中唯一没被盟军轰炸过的城市，可是，你来到这座老城就会发现，海德堡大学的食堂就在城堡里，但堡垒的外墙已是斑驳而沧桑的样子，虽然里边很现代、很潮；王座山上的城堡也很老，它先是花了 400 年才建好，到现在已经又被风雨岁月洗礼了 600 年，现在它大半已经坍塌，"但其恢宏的规模，完美的结构，似乎由于其破败而更具魅力。"留学生们告诉我们，看着墙壁与屋顶上的杂草、小树，看着夕阳穿过破豁的窗照在残缺的墙头，像镀了一层亮闪闪的金，墙边的绿树悠然自得地陪着摇曳。

留学生们说，在这里我们学会了像黑格尔那样沉思，学会了从残破中体会古堡昔日的辉煌，明白了对于古迹，任其破残不加修复，就是一种深深的理解与尊重。海德堡是什么，是内卡河古桥上遥望青砖红瓦海洋上高高凸起的教堂尖顶，是凝望海德堡大学哲学系门前的黑格尔雕像，是欣赏古桥上卖艺者的悠扬琴声，是站在河堤梧桐树下遥望青山，古堡和山脚下错落有致的民房。理解，才不会惊扰海德堡的沧桑、宁静；不惊扰，就是尊重海德堡的历史和性格；尊重，就不会失去海德堡的极致的美，于是，"我们把心都遗忘在这里了"。

细想，我们还有海德堡这样的地方吗？如果有，该怎么办？

一念失去

2013年12月28日

　　今年4月巨星成龙在微博上声称将其20年前收藏的十栋徽派古建筑中的四栋捐赠给新加坡的一所高校，消息一出震惊了娱乐界和艺术界，不少人质疑成龙这一行为让本土文物丧失。关于徽派建筑的生存问题，一直引发市民网友们的议论。

　　微博网友雏诺chunuo说道："那些叫嚣本国文物被外流的人最好先想想办法在国内如何保存它们，再去指责别人。不想我们的下一代看到的都是混凝土的高楼大厦……"同济大学教授、古建筑保护专家阮仪三也曾提到："古建筑与一般的古玩文物是有明显区别的，它不是简单的器物，不能被束之高阁地收藏。现在有些人购买了老房子后，拆散开来堆放在仓库里，那是要霉烂腐朽的。所以，收藏古建筑的概念不能混淆了，一定要搞清楚的是，古建筑在使用过程中，与人发生关系，与所在的地域文化发生关系，见证历史，见证传承，才能体现它的价值。"诚然，成龙早些年曾考虑过把这些古建筑捐给国内一些城市，但他发现很多人都是冲着地产项目而来，想利用成龙的名气开发别墅区；他甚至也考虑过将古建筑安放在香港，并成立一个博物馆，但舆论压力过大也作罢了。归根到底，在这 20 年间，他没办法在国内为这些徽派建筑找到一个适合它们生存、体现它们价值的"家"。

  尽管成龙的捐赠是个特例，但事件背后所透露出的古建筑生存难问题却普遍存在，如今中国很多地方还留存着类似的古建筑，不是景点也没有名气，因此也得不到政府的重视，一个不小心就在开发中"丧命"，是留是拆都在领导一念之间，殊不知也许一个轻率的决定就让一些珍贵的古建筑一夕毁灭。也许成龙的捐赠让人看到的是国内"失去"了珍贵的古建筑，但回头想想，这究竟是不是真正的"失"呢？给古建筑换了生存环境或许并不是最佳方案，但是至少它们还是被这种形式给保护、利用了起来。在质疑之前请先思考，如何能让古建筑在本土更好地生存下来吧。

适当"留疤"

2013年12月28日

　　城市的发展让越来越多的钢筋水泥出尽了风头，崭新的建筑林立街头，那些旧的、"丑"的越来越少，殊不知在大刀阔斧地"除旧"背后，透露出的是城市文化的消失和城市个性的磨灭。

　　老城区、旧建筑固然不是样样都需要被保留，但环顾整个上海不难发现，城市应该有的"疤"也随着老旧建筑的拆除而消失。那些有幸被保留下来的也大多经历了一番"修旧如旧"，多少有些画蛇添足的感觉。无论如何按照建筑"原来"的样子去修，那都已经不再是"原来"的样子了，不是吗？"如旧"毕竟不等于真正的"旧"，只要用了新材料去修正，那就是新的了，这一类的翻新终究会让这些保护建筑失去韵味、失去最应该被保留的——精神文明。

　　当然，这并不是在一味否定"修旧"，历史的发展、建筑的维护是需要不间断地巩固更新的，但将修护方式简单化并不可取。比如一些老街古镇上，原本古朴的木结构老宅应有的瓦片顶、粉刷墙、铜锁，这些最值得品味的细节都被现代化的装修取代，让人很难找到古宅的原汁原味，这样的"保护"就未免做过头了。说到底，很多保护单位会这样做很大程度上是为了让这些文化遗产成为旅游景点，进行这样的修复能让古建筑更适合被参观，但却让文物保护变得本末倒置。

　　想要为城市文化留下点什么，我倒觉得适当的"不作为"可能才是真正的保护。比如石库门，经过几十年的居住该怎么样就怎么样，除了适当的日常维护，就这样保持着"人气"才是上海的弄堂风貌，与其单一地保留下石库门建筑特色，不如就让它自然而然。欧洲小镇之所以很多能至今吸引世界游客前去旅游，正是当地人民长久以来自发自主地对房屋进行粉刷和维护，即便没有政府出资，他们也已经将保护意识变成了生活习惯，这才让欧洲至今还能保持着独特的魅力。如果我们的政府对于古建筑保护也能做到监督大于整治，老百姓也养成自觉保护的好习惯，那么我们的城市"伤疤"迟早也会成为最美的风景。

新闻表达

2014 年 01 月 04 日

　　用艺术形式呼吁是一种表达方式，目的是否能达到，其实还真的难说。针对城市里正在发生的新闻和话题进行艺术评论和艺术批评，相比较一般的评论文章，我在《国家艺术杂志》专刊的"题内话"中的评论尽可能做到了具有针对性和艺术性，并在艺术的大环境下解读城市现象，为我们的城市、为身边环境失去的保护讲些心里话，最终目的则是希望能够以这样的形式，为城市设计、思维模式提出一点建议。

　　有幸的是，这些"题内话"收获了比预想更多的反馈，有艺术界的大师、各高校学院的教师学生，海外关心艺术的专家学者，还有许多普通读者都通过各种形式向我们传达了他们对"题内话"主题和文章的看法和意见，大家都在各自的领域、以不同视角关心着城市与艺术关联的现状和矛盾，期许着艺术上海更美好的未来。

　　不仅是上海，国内经济发展迅猛的城市从初级阶段开始，就在"大力发展"上花了大工夫，于是我们看到了高楼林立的城市建筑不断出现，设计师们更是以建筑的造型、高度、建造方法相互比拼，殊不知城市早已经不起这样的折腾了。所幸，这些年决策者们都已经开始意识到，以往的发展模式给城市环境造成的不可修复的破坏太多，无论是生态环境还是人文环境的保护都是迫在眉睫的大事。我们在"题内话"里探讨过很多相关话题，比如呼吁更多"小清新"建筑出现、公共艺术应更亲民、要给城市留个"疤"等，无论哪个，归根到底都与生活息息相关，因为我们不是单纯地思考如何更好地生活在当下，而是应当在发展的同时给我们的下一代留下些什么。

讨谁喜欢

2014年01月11日

　　对于生活在上海的人来说，这座我们天天生活、工作的城市美在何处？提出这个问题本来就很矛盾，一定会有人说到建筑，一定会有人想到上海话、上海小吃、老弄堂、石库门、弹硌马路、有轨电车、滑稽戏这样构成城市底蕴的元素。

　　现在这些文化底蕴却在逐渐流失，土生土长的上海小囡说不来上海话，而前两年"达人秀"上那个学着周立波、说着一口地道上海话的张冯喜小朋友反倒成了稀奇；市区里还保留着的老石库门屈指可数，很多地方只留下老地名，却看不到老建筑了。这样的情况不仅是上海，很多城市都在发展过程中迷失了最原汁原味的城市文化，很多地方都在建造标新立异的大楼，奇形怪状造型百态，建筑设计呈城市"英雄"大比拼之状，而中国建筑的建造技艺却越来越少被使用，以至于传统的建筑方法与古建筑修复技艺面临后继无人的窘境。在艺术创作上也同样如此，很多当代艺术家单纯地"学习"、继承西方现当代艺术，对中国传统元素弃之如履，造成中国当代艺术难以被老百姓接纳理解，使不少作品成了艺术家个人和小圈子的玩偶，却还要借媒介广泛传播。

城市的设计是需要积极向上、能被大众接受认同的，过分张扬个性反而会使城市设计越来越远离生活、远离普通人，缺少意识认同，老百姓不喜欢、不明白的设计，又怎么能体现出城市文化？艺术所能反映出的思想转变和带来的启示远远超出想象，即便是追求超前的当代艺术也要摆在相应的文化圈内才有意义，不以城市底蕴作为基础又如何谈得上突破传统、超越历史？我想，城市设计的法则绝不该是"辞旧迎新"，留住传统，继承文脉，才能让世界看到上海独有的现代美。

行为出彩

2014年01月11日

　　在我走访、参观欧洲城市里各大美术馆、博物馆时，发现其中永远都不乏青少年的身影，有些是学校特意在工作日组织学生参观艺术展，有些是老师带着他们去一些开放艺术课程的美术馆进行学习。从三四岁的儿童到十五六岁的青少年，无论是否处在能够理解艺术作品的年纪，家长或老师都会鼓励他们多去感受艺术的氛围。

　　可能在中国家长眼中，艺术并不都是适合青少年的，尤其是现当代艺术作品，不但晦涩难懂，有些甚至是血腥的、色情的。中国家长有这样那样的普遍观念绝不仅是家长本身对当代艺术的误解，更多时候是国内的当代艺术展出上往往鱼目混珠、良莠不齐，虽然有不少好的当代艺术作品，但也的确有些无病呻吟者。青少年的艺术教育往往是从最单纯的视觉感受开始的，即便他们还不能理解作品的文化含义，但至少在艺术构图、色彩、形体的把握上能得到一些收获。国外不少美术馆都会在周末定期开展一些让青少年能够参与的艺术创作学习，经常还有艺术家充当志愿者亲临现场来指导，并且场馆很多都是免费开放的，在这里可以看到孩子们自由地或坐着、或趴着，专注地完成着自己的画作或是雕刻，也许未来的艺术家们就在这些身影之中。

　　当然，在风气开放的西方，很多当代艺术家的艺术作品很出彩，但行为处事却并不一定如此，这时候就需要家长和学校时不时地进行正确地引导，让孩子学会正确判断什么值得学习。当代艺术正在发生，有进步的同时自然也会有弊端，从艺术家、艺术馆做起，创作更多大众的、适合城市文化的作品，才能让青少年爱上当代。

火候艺术

2014年01月18日

看着北京的王府井、西单、前门，上海的南京路、淮海路，南京的新街口，商业环境的艺术设计水准不算低，但是像这样把商业环境当成艺术品进行设计的毕竟在我国不算多，我们跟具有真正设计之都之称的国家的水平差距还是很大。差距大，我看主要是理念及将之融入设计的能力差距大。

欣闻环境艺术设计专业在高校普遍开设，商业环境设计作为其重要的培养方向尤为重头，甚至还有高校设了专门的商业环境艺术设计专业。其培养目标称："培养具有现代商业思想和理念，具备较高艺术审美力，掌握现代商业环境设计的专业理论和专业知识，能从事商业环境设计与装饰工程设计、室内装饰施工、组织与管理、工程预算等多种工作岗位，具有应用与开发能力，具有一定创新能力与良好的职业道德，德、智、体、美全面发展的高素质设计人才。"四年时间，实现如此雄心勃勃的目标可能吗？所以，有网友吐槽"本人已经读了一年，只学了手绘和cad。还有两年，不会到头来是'什么都会，但什么都只会一点'吧……"有人赶紧说，"真正的东西不是在学校学到的。"

不过，我觉得这位说得挺好，"真正的东西确实不是在学校学到的",商业环境艺术化,好的画布,好的画笔,关键还需高水平的画手"掌案"。做好画手好掌案,就要把商业当艺术来拿捏;然后,耐心等待火候就好。

筛筛洋味

2014年01月18日

相比每年农历年三十看着春晚和家人过年,如今年轻人却更热衷公历元旦的各种跨年活动,尤其今年冲着"共度1314(谐音'一生一世')"去跨年的更是扎堆,原本应为农历正月初一的"元旦"在年轻人心中却已经成了西历的1月1日。

这样的现象不在少数,圣诞节、情人节、感恩节、母亲节等等,这些都非我们的传统节日,却在西方文化传入的同时也成了我们的节日。在节日特有的活动吸引下,加上商家促销的宣传下,这些"洋"节日变得比传统节日更受重视。我们的传统节日其实也有不少有意思的活动和习俗,比如"重阳"登高、"七巧"穿线、"中秋"吃鸭,但很多"90"后、"00"后都不怎么清楚了。春节家人团圆的概念对很多城市里的人来说越来越得不到重视,有些孩子甚至对"春运"现象嗤之以鼻。

我们不得不承认,传统节日的包装程度远不如"洋"节日来得多,其实不单是节日,艺术创作上也同样如此。中国的当代艺术很少有反映传统文化的,虽然时常看到一些利用了传统物品进行创作的艺术,但其内涵却未必是在探讨传统的意义。不重视对传统的解读其实反映出的恰好是我们的当代艺术缺少了传统基础，甚至有人直接搬来西方的创作理论，让人只看到些不明所以的无病呻吟，难以理解。我们的当代艺术已经过了刚起步的阶段，如今更需要对艺术创作与文化传承之间如何结合做出思考。传统习俗的流失有时代发展淘汰旧俗的必然部分，也有不必要的人为舍弃，艺术在这两者之间更应该作出筛选，留下那些值得传承下去的部分，才是中国艺术应当做的。

原地沉思

2014 年 01 月 18 日

文森特·威廉·梵高（Vincent Willem van Gogh, 1853—1890）尽管是荷兰后印象派的代表性画家，但是法国对他的艺术创作也有着举足轻重的影响，梵高的人生虽然短暂，但他却留给后人一份独一无二的艺术记忆。尽管他只在巴黎和法国南部小镇奥维斯各逗留了两年，这段时间却是他留下最多震撼心灵的作品的时期。

来到巴黎后，梵高结识了毕沙罗、窦加、高更等印象派画家们，并接触了日本浮世绘的绘画风格，于是他一改荷兰时期所表现出的用色阴暗、造型滞重，他开始采用印象派画家的技法，变得色调明快，一度倾向修拉的点描法，题材则转向花卉、巴黎景物、人物肖像以及自画像。无论是画风的转变还是题材的变化都明显让人感觉到梵高在心境上逐渐复杂了起来，或许正是这摸索新观念的过程使得这位内心过于敏感的天才走向了最终悲剧。

梵高已逝，然而常出现在他作品中，位于法国阿尔勒的奥维斯小镇却至今仍吸引着无数艺术迷们前去找寻梵高、高更等人的踪迹，我也不例外。带着对梵高的敬意，我踏进了这座藏了很多故事的神秘小镇，一幅幅在当今仍是令人惊叹的构图在脑海里如同放电影般出现，我一一找寻着梵高画作中的景色和角度，试图用摄影的方式体会一下亲临百年前梵高创作现场的真实感。

在奥维斯小镇的梵高居住地早在几年前就已经毁于一场大火了，然而面对每年络绎不绝的观光游客，当地并没有复原出一座故居来，或许是当地人并没把梵高那么当回事，又或许梵高之于小镇的意义全都永恒地留在了他的作品中，不需要拘泥于形式了。不过，当年梵高创作的《晚间咖啡吧》原址还在，如今已成了小镇上生意红火的餐馆，餐馆门前仍保留着他笔下最经典的黄色基调，让特意来此者能够坐在这里，边享受美妙的夜景，边感受梵高的心情。虽然这里已然失去了那时候咖啡吧的质朴，即使站在同样的角度，看到的也不再是同样的景象，但最标志的黄色遮阳篷还在，就足够了。

来到当年圣雷米小镇医院，除了勾起对《小镇医院》和《加歇医生》这两幅油画的回忆，也总不免想到关于梵高精神错乱自割耳朵，最终开枪自杀的悲剧。也正因如此，在很多美术史的评价中，梵高总是被描绘成一个乖戾、孤傲的艺术家，而事实上，他对于朋友的珍视和虚心学习的态度也许会让当代很多艺术家感到惭愧。1886年，梵高移居法国巴黎，陆续结交了很多画家,包括人们熟识的高更、马奈,以及诸多从事艺术领域的工作者。印象派画家之间的友谊,是通过他们无数次交流产生的火花搭建的,当中不免有摩擦,但在艺术的坚持上他们都显现出当仁不让的大家风范。梵高在自杀前一个月为精心照顾他的加歇医生绘制了那幅有名的肖像,他甚至写道:"加歇成了我的朋友,有点像兄弟,我们不但长得像,而且想法也很接近……""我希望把我对这个人的感觉和爱慕之心画进作品里。"

行走在梵高曾经生活的小镇,我越发感触良多,我想梵高能在美术史上拥有如此重要的地位,不仅在于他留下的作品本身的艺术价值,更在于梵高自身对大自然的热爱、对生活的激情、对友人的真挚,这些其实更值得后人特别是艺术家们去品读和思索。

请标个性

2014年01月25日

无论何种形式的艺术场所,都必须具备鲜明的个性标签,可以是外观,但更重要的是内容。之所以卢浮宫能够成为世界最顶尖的艺术馆,除了本身就能称得上艺术品的建筑外观,它收纳的藏品之丰富、之珍贵,更让人难以忘怀。可以说,卢浮宫拥有不止一枚精彩的个性标签,绝对不会和别的艺术场馆"撞脸"。

艺术场所不单单只是一个展出场地,之所以需要为其贴上个性标签,最重要的原因还在于它们是体现一座城市艺术文化面貌的代表。但凡列举世界上有名的艺术名都,都能找到一直相应的一份"艺术地图"。因为这样的城市仿佛是一座放大的博物馆,其历史记忆会聚在城市各个不同地点,构成城市的历史文脉。这份"地图"将发生在城市中的艺术事件串在一起,体现出博物馆体系和历史文化建筑的规划与保护,展现出这座城市与艺术之间的关系。因此,作为中国近代现代美术发祥地的上海,如果没有一些值得登上"美术地图"的具有辨识度的艺术焦点,上海城市文化的定位也就显得底气不足了。

应当意识到的是,随着城市文化建设发展,城市文化资源的流失也在不断发生,在这样一个现代的城市空间中,美术历史的保护显然面临着严重的"失忆"状态，这与上海的国际都市形象实在不相符。原本，多元化的历史给整座城市留下了丰富多样的文化财富，有海派的文化遗产，也有西画东渐的洋画运动遗址，各个时代的艺术事件足以表明上海有着足够的底蕴，但这些大部分还未能有机会"出声"。一旦上海的"美术地图"成形，也就意味着有了自己的文化历史地标，上海也就能成为中国美术现代转型的大本营之一。

不过，无论要贴上怎样的个性标签，都不能忘记艺术，尤其是城市的公共艺术，应该是普通大众所能接受的，因此绝对不能少的一个标签就是"人性化"。只有艺术个性加上人性化的理念设计才能让艺术地标变得真正具有生命力。毕竟，吸引了百姓愿意去、愿意看、愿意想，才能让艺术实质成为闲暇之余丰富艺术文化生活的一个新选择。如果有一天，当游客和老百姓称赞道："这里的艺术真的很上海！"那么我想，这就说明上海已经被贴上真正的个性标签了。

获奖之后

2014年02月08日

在我看来,红星奖缺的首先是百姓的参与。奥斯卡参评影片全部是上一年院线中接受观众检阅的影片,票房当然是取舍的一个重要因素。红星奖的《章程》也规定"参评产品应在过去二年和未来一年中上市销售的产品",但我不知道这些产品的业绩,如果曲高和寡呢,是否专家叫好市场不叫座。

百姓参与,不是指百姓参与投票,因为评委们大都是这一领域的专家,自然具有大把的发言权;百姓的参与大多是用"脚"投票,产品是否"高大上"、价格是否"白富美"都成为他们取舍的因素。再好的产品,价格不合适,百姓同样会弃之而去。

还有呢,我们在网上随机找了一款红星奖获奖作品——盲文点读机。这款产品的发音器仅有卡片大小,机身与按键分别使用橡胶与塑料,可以清楚分辨按键的位置。还有背面扎凸点、正面摸读盲文的设计,还有按键周边倒角斜面设计,亮丽的颜色与黑色相结合,弱视儿童也可轻松找准。专家说,这是一款很懂盲童的产品,原来设计师们设计前参加了"黑暗中的对话"体验活动,感同身受后方有此人性化设计。此款产品获奖时还未上市,去年首批产品被送到一所盲童学校。写此文时，笔者搜遍网络，没有发现产品走向市场的任何迹象，什么原因？红星奖的意义呢？

再者，红星奖的宗旨、评奖程序，几乎当今国际上所有的概念它都有了，国家战略也有了。我们仔细揣磨获奖作品，发现国际范儿很足，这显然与国际设计领域的大牌评委喜好有关；民族性不够，可能还与我们当下的设计教育过度国际化有关。总体而言，红星奖的理念有了，实际操作中就矮了，自觉不自觉地模仿抄袭就自然而然了，于是中国传统中的设计养分被挤出，清新喜感的中国风就被关在了获奖的门外。

业内专家说，"设计就是以貌取人"，是以创新之"貌"征服市场，赢得消费者的青睐；智者说，"貌"由心生，这"心"就是民族性、亲民性和清新中国风。

艺术补席

2014年02月15日

　　工业革命把人不断异化，甚至异化到成为工具和生产链条上的某个环节，于是，原本秀色可餐的美食也让位给了麦当劳、肯德基，让其大行其道。终于，意大利人卡罗·佩曲尼（Carlo Petrini）坐不住了。1986年，当罗马西班牙广场（Piazzadi Spagna）边麦当劳店里的炸鸡、薯条味飘进他的鼻子里，卡罗决定发起一个名叫慢餐的艺术运动——享受健康、营养的本土种植、本地烹调的食物，倡导人们放慢节奏，享受艺术化的生活，丢弃快节奏。

　　2014年恰逢"慢城项目建设年"，高淳将加快建成"美丽而又艺术的慢城"（"快""慢""艺"并行，不知当地如何拿捏分寸），建设10万平米慢城小镇。包括新建14公里慢行道、246省道、红旗路两个换乘中心、完成慢城小镇驿站和5个服务点建设、启动大官塘服务点等二期配套设施建设，开工建设慢城度假村和3—5个特色旅游乡村，通过完善配套功能设施，给游客带来全新感受，争创国家4A级旅游景区。分明一副大干快上的劲头，毫无慢劲儿，读来也真让人忧心忡忡！

　　殊不知，慢城的精髓是"慢"，"慢"的实质是艺术而品位地生活，所以慢城建设，艺术不能缺席。英国第一座慢城勒德罗（Ludlow）小到何种地步？站在高处俯瞰，小镇仿佛盈盈一握，但锯齿女墙、窄窄小窗却清晰地告诉我们这里曾经的战略和贸易地位。而今，小镇恬静得如入睡的婴儿，镇上没有一辆车，没有任何喧嚣的声音，走在街上你每转个弯就能找到工匠们的店，他们个个手艺不凡。这些让慢城组织官员评价：勒德罗几百年来就已经是一座慢城。

今天的高淳，依然留不住年轻人。固然，没有霓虹与夜生活是原因之一，但更主要的还是艺术的氛围和享受艺术的过程缺乏，不为年轻人所钟爱。正如皮尔所言，慢城主义其实是一种品位主义，而品位须发掘并光大艺术遗产的闪光点，包括有形和无形的，唯有如此，生活才有品位，才有质感；然后才心安理得地慢慢生活，优哉悠哉地品味生活艺术，咀出生活气质与味道。

"独生"印象

2014年02月15日

　　进入21世纪已有14个年头，中国当代艺术的生力军中已经不仅是70、80后的天下，越来越多的90后也加入了进来。这些艺坛"新血液"大多是独生子女，他们的成长没有经历过大风大浪，没有经历过逼不得已，他们从小享受着良好的生活条件，无论是物质上还是精神上。从小得到的"专宠"教他们更重视"自我"，然而现实却同时让这些"孤独"的独生子女们也背负了更多、更重的责任。这样的年轻人们，势必会让中国当代艺术进入一个特殊的时期，一个基于"独生"群体特色的时期。

　　无疑，在"独生"一代成长过程中，他们能接触到相对更为开放、丰富、科学的艺术现象，他们更善于变化，善于展示自我，善于利用新手段创作，善于提出更为情感化的思考。然而，他们也有更多的矛盾与挣扎，他们可能更多愁善感，可能重视自我超过观察生活，就如"独生"一代普遍不善于关心他人那样，他们的艺术有时候也并不关心社会。

　　我想，这样的普遍特色谈不上对错，却让人在看到这类的作品时，为其中透出的孤独感到心疼。作为"独生"艺术家，更积极地去进行一番文化溯源和自我探索，或许会是个不错的选择,更多地去了解生长、生活的城市,了解老一辈的经历和文化,其实也能让自己的创作更丰富。

创客门道

2014年02月22日

　　创客于生活，可谓是对既有现实的颠覆，所以权威媒体列出其出现和流行带来了劳动力比重持续萎缩、扁平化是工业制造的未来、能源互联网带来变革、经济模式将从依赖能源到依赖知识等显著的变化。由于材料来源的方便，包括3D打印在内的成型技术普及，脑中灵光乍现，然后创客们就可自己动手设计生产一件自用的立体化文字框、创可贴打印机、埃菲尔铁塔台灯，当然也可把它当成礼物送给好友。

　　创客运动本世纪兴起，从2007年德国柏林创客大会到2011年纽约创客博览会，现在已经蔓延到世界各个角落。肯尼亚、北欧等国政府也纷纷给予创客们大力支持。

　　创客的精髓是创新，创客富集地就是创意艺术富集地，在这里不管你是硬件高手、电子艺术家、雕塑家、设计师，还是DIY爱好者，你都是激情与灵感饱满的人。所以，安德森将创客称为"长尾理论"必然的产物。

　　何谓长尾理论？长尾理论是指，当商品储存流通展示的场地和渠道足够宽广，商品生产成本急剧下降以至于个人都可以进行生产，并且商品的销售成本急剧降低时，几乎任何以前看似需求极低的产品，只要有卖，都会有人买。

这些需求和销量不高的产品所共同占据的市场份额，可以和主流产品的份额比肩，甚至更大。所以，商业和文化的未来不在于传统需求曲线上那个代表"畅销商品"的头部；而是那条代表"冷门商品"经常为人遗忘的长尾（冷门商品的和）。比如，Google就是一个最典型的"长尾"公司，其成长历程就是把广告商和出版商的"长尾"商业化的过程。

于是，个性化、定制和"秀出我自己"的唯一性就成为创客的精神高地，而这恰恰迎合了当代人追求自我的趣味。于是，创客在大都市中用激情和灵感混搭技术和艺术，创意便浪潮汹涌地在城市里蔓延开来。

灵魂能"疯"

2014 年 02 月 22 日

毕加索曾经说过:"没有体会过马拉加阳光的人,就创造不出立体主义的绘画艺术。"我曾经亲身前往西班牙安达卢西亚的马拉加市,在毕加索故居前感受到了此地所谓的阳光。当时我想着:如果毕加索活到了今天,当他看到21世纪的后现代艺术作品会作怎样的评价?作为最具表现力的艺术家之一,相信他一定会有些"疯"。

时至今日,艺术界对毕加索的作品依旧褒贬不一,围绕着他的技巧、主题、人格"口水战"不断,尤其在网络论坛发达的今天,年轻人无惧毕加索在艺坛的"神级"地位,大胆质疑他的艺术。尽管毕加索的画风引领了立体主义诞生,但注重平面、侧面的诡谲表达却让很多人难以理解,觉得是他的孤芳自赏,且他标志性的变形似乎谁都能做到;他以"反法西斯"战士形象创作了举世闻名的《格尔尼卡》,却在后期作品中展示了疯狂而激烈的破坏力量,矛盾重重的创作思想也让不少专家学者质疑他的动机和心态,而究竟应该将他定义为怎样的艺术家,更是不断引发着不满和争议。

诚然,无论是对生活还是自然,毕加索在创作中都抱有一份真挚,他始终忠于自己的内心,保持着鲜活的情绪,因此他的画,能让人感受到最真切的爱恨喜怒、希望与绝望、愉悦和痛楚。但在我看来，毕加索的诡异画风还有一种引人灵魂走入陷阱的感觉，他的画中一定程度上透露出些"疯"味，而其表达的情节也的确有发疯的一面，这样的艺术灵魂定然是有些"鬼"。那么问题来了：这样的"疯"灵魂，能把握得住主题吗？不会显得偏执吗？毕加索的画确实是有灵魂的，在欣赏他的同时，更要警惕不要"迷信"他，别落入他的"疯狂"陷阱，才能学到他创作的激情而非误入歧途。

守护净土

2014年02月22日

  冰天雪地的南极在成为科考热土的同时，近年来探奇的游客也带着各种运输工具踏上这片洁净的土地，于是，除了南极臭氧层不断长大之外，南极科考、游客留下的垃圾痕迹现已日益成为无瑕南极的不速之痛。

  1989年，《纽约时报》记者伊万斯撰文批评旅游导致的南极"惨象"，题目是"烟蒂与行李包：令人震惊的旅游潮狂袭南极"。文中报道了游客在南极点滑雪、随意将行李袋抛弃在雪地里的情况，"就像在崭新的汽车上发现一道划痕一样，我感到震惊和愤怒"。

  虽然，《南极条约》、《南极环境保护议定书》、《国际南极旅游业协会条例》等法律文件为今天的南极穿上了层层保护的铠甲，如游客既不能在南极岸上过夜，也不能在南极大陆上进食，更不能携带任何食品上岸，甚至游客不能在岸上抽烟或使用厕所（当然也无厕所可用）。许多旅游公司提醒游客，"勿留下任何东西，除了记忆和照片，也别带走什么！""勿随意行走，勿踏坏脆弱的苔藓、地衣！"一言以蔽之，今天的游客已大不同于1989年，他们在南极制造的垃圾几乎为零。

  而以科考为目的的污染就时有发生了，像泄油污染、工作生活垃圾。虽说各国考察站都建立了垃圾处理设施，但处理垃圾产生的二次污染是无法避免的。除了这类污染外，南极科考站的燃油消耗量、大型机械（飞机、雪地重型运输机械）的使用所产生的噪声和视觉上的污染、油污等都是南极环境的痛；还有废弃的科考站带来的污染。

南极的建筑可以很萌很酷很未来，但前提是别惊扰这片最后的净土；南极之梦很洁白很湛蓝很纯粹，无论是建筑还是旅游，别让这片圣洁的美丽再像其他地方一样被"人"击碎。

"有心"之乐

2014 年 03 月 08 日

如果一个人能很好地把握空间布局、色彩搭调，将摄影器械玩得炉火纯青，那充其量也不过是一位技术纯良的"摄影师"；而一个人能从生活的点点滴滴之中捕捉到与众不同的精彩、发现别人难以察觉的乐趣，将平凡的场景点亮，才是一位善于观察生活、表现生活的"摄影家"。

摄影的乐趣往往不会自然地发生，而是等待着"有心人"去发现的。墙壁斑驳破旧的老房子早已无人居住，不知名的艺术家在破落的大红色木门上绘下了一位真人大小的小男孩，他头戴的红星头盔以及西化的长相似乎暗示着，这是一位颇有故事的孩子。巧合的是，门旁有人有意无意停放着的自行车，恰好让小男孩"蹲坐"其上，让这有些萧颓的画面已然鲜活了起来。如果只到这里，你就按下了快门，我想那还不够精彩，因为少了动感；而在《追赶》这幅作品中，你不仅能看到有趣的涂鸦产生的巧合，更能在两位骑自行车经过的少女动态的身影中找到动与静的对比交织，如此一来，生活中的巧合融合到一起，才能呈现出这一秒间才能捕捉到的有趣画面。

与此有异曲同工之妙的还有《起吊》，高大的墙体上的3D涂鸦起吊机"破墙而出"，本就很吸引眼球，恰好停在吊线下方的蓝色轿车在特定角度下，和墙上的画结合在一起，相信乍一看照片还会觉得栩栩如生，如要仔细观察一下才能发现其中的妙处。而《幻想》则更加生动幽默，显示出外国人特有的娱乐精神：照片中吸烟的男子望着"眼前"的宇航员，仿佛梦想着自己也能去遨游太空；而在他身后，一个调皮的小男孩却被"夹"在墙上，悄悄将脚伸向男子背后。利用很小的缝隙，现实中的人就进入了画中世界，这何尝不也是一种幻想？

再看《羡慕》，画面被大白兔人偶和一位复古打扮的年轻女孩所占据，背后是典型的欧式建筑；他们仿佛离你很近，却也因此让你看不到全貌。这对组合有些像《爱丽丝梦游仙境》的主角们，当女孩看着镜头微笑时，仿佛能让人感受到如同置身童话世界一般，既羡慕又喜爱。很多时候，我们的思想会让我们与生活中的情趣相遇，将当时的感受和思考连同引人遐想的有趣画面一起记载到相机中，作品也就被赋予了更多话语，这才是摄影的无限魅力。

不屑高大

2014年03月08日

居住条件与艺术、与应用有关,与大小、房龄无关。

随着住房条件的逐步改善,出现了我们不得不承认的现象:许多人占有更大房子的愿望与日俱增。由此空置房、占置房等等时见报端,房妹、房叔、房婶更是跳三舞二地频频登场,人们物质化的神经被越绷越紧。果真需要吗?

最近微博上流行用"高大上"来形容所谓高端、大气、上档次的事物,如今很多人对住房的观念也是如此,似乎住房面积越大、空间占有越多,就越显得生活水平"高大上",既显身价又有艺术品位。这种"以大为美"又被广而扩之,延伸到办公室越大越显身份,用车也越大型越有面子。而事实上呢?对比之下,香港设计师张智强的30平米蜗居正是最有力的反驳;微博上被疯狂转发的"蜗居改造"、"宿舍大变样",也充分说明了越来越多的人意识到小空间一样可以住得很艺术、很娱乐。

居住需要满足人的很多需求:最基本的生活需要、最实际的使用需要、令人舒心的视觉需要,以及更深层次的精神需要和艺术需要等等,要满足这些需要,"高大上"绝对不是必要条件,有时甚至恰恰相反,小空间往往更能激发设计,更能展现艺术的智慧和张力。

在空间使用这一点上，世界上很多国家都做得很好，而中国城市人口密度大，一旦在居住空间上追求面积大，势必会对本来就紧缺的自然资源造成更大的压力。想想北京、上海等一线城市的建筑密集程度，再联系到居高不下的房价以及日益严重的雾霾，再不赶快纠正这种崇尚"高大上"的风气，我们的整个城市都会变得不宜居，那时候，个人的住宅再大再豪华，事实上的美又会在何处？

　　借着今年刚刚过去的"世界居住条件调查日"，但愿大家更正一下住房、占房观念吧！

不做土豪

2014年03月15日

打开网络搜索引擎，输入：时尚，你会发现几乎每一个领域都有这两个字的存在。那么，时尚究竟是什么？

在我看来，时尚首先是一种理念，它并不完全依靠外在的物质来判断。不说一座城市有多少著名的建筑，不说它有多少让人如数家珍的博物馆、艺术馆，不说它有多么丰富的表演艺术、街头艺术，先看看这座城市的人是否懂得艺术。追求时尚不是为了攀比谁的奢侈品更多，不是比较谁更会打扮自己，也不是为了向朋友炫耀看了什么大师级的走秀，而是应该拷问自己从时尚中收获了多少美的享受。

进一步说，时尚是一种精神。设计师、建筑师在设计商品和建筑的时候不随波逐流，按照自己的想法，按照城市的节奏，设计出与众不同却又能让大众看了感觉舒服的作品，让人能够从中享受到积极、正面的能量，这才是时尚的体现。

纽约历来被称为世界时尚之都，因为去过的人都能感受到这座城市有着一颗快乐与敏锐的心，这颗心热情洋溢，对世界充满好奇，并把这份好奇探索的快乐传达给所有人，无论是当地居民还是驴友。虽然这座城市的环境有其复杂灰暗的一面，但却丝毫不妨碍艺术的茁壮蓬勃，因为它的心是童真的、美好的、享受的。

而上海虽然是中国城市中的时尚之都，但我们的时尚却还更多停留在表面上，尽管我们引进的时尚品牌丝毫不少于东京、香港、首尔等城市，但显然大部分人并不注重艺术在时尚中的分量。之所以流行"土豪"这个词，不也正是我们对愿意花大把钱买时尚品、艺术品收藏，却不懂得享受其中真正的艺术理念的人的一种讽刺吗？

作为时尚之都，我们才刚起步，不为此沾沾自喜，多看到我们与真正发达的时尚都市之间的差距，补给我们缺少的艺术理念和精神，才能让这个称号更加名副其实。

古城模式

2014年03月15日

　　一个多月前香格里拉大火的消息震惊全国，我不禁在惋惜的同时庆幸自己之前曾经去过那里，至今回想起带着浓郁藏族气息的泥墙木瓦，还有种心旷神怡的感觉。由此，我不禁想到，国内像这样古老而珍贵的老城不少，而缺乏完善的消防对策的绝不会仅此一例，我们该从这次灾难中吸取教训了。

　　由于古城不同于其他文物形式，它们往往还有人居住，因此是"活着的"区域，与此相对应的保护政策自然不是那么简单，这一点，可以借鉴欧洲古城保护的不少做法。以最早立法保护的法国为例，1962年颁布的《马尔罗法》规定，将有价值的历史街区定为"历史保护区"，保护区内建筑物不得任意拆除，维修、改建要经过"国家建筑师"指导。有了专业人员指导，在对古建筑使用和改造的时候才能有的放矢，避开一些可能引起危险、破坏建筑面貌的隐患。

　　日本在1975年修订的《文化财物保存法》中增加了保护"传统建筑群"的具体措施。修改后的法律规定"传统群保存地区"中一切新建、扩建、改建及改变地形地貌、砍树等都要经过批准，要由城市规划部门做保护规划，确定保护的对象。要列出保护的详细清单，包括构成整体历史风貌的各种要素要制定保护整修的计划，对"传统建筑"进行原样修整，对非"传统建筑"要进行改建或整饰，对有些严重影响风貌的要改造或拆除重建。规划还要做出改善基础设施，治理环境、消防安全、旅游、展示、交流、停车等方面的有关措施计划。在法律中，将设施、安全问题等事无巨细地列入法规，不仅是约束古建筑使用者，更是时刻提醒人们古建筑保护应当渗透到每一处细节之中。

另外，大部分发达国家都对历史保护区住户提供了相应的资金补助，这也使得住户更加自发地对建筑进行维护。而在我们国家尽管有不少历史保护区被确立，却仍然没有这些深入细节的条例出台，希望在独克宗的沉重警钟被敲响后，相关部门也能更积极行动起来。

灵魂难抄

2014年03月22日

　　学安藤，学什么？这真是个值得思考的问题。

　　同济大学讲演现场，价格400多的日本籍著名建筑设计家安藤忠雄作品集极好卖，现场至少四分之一的人手中都宝贝着这本书；看来，安藤设计的每一个案例都入其眼入其心了。

　　视野开阔些再阔些，放眼全球已成为国人习惯。现在的中国房地产市场，楼名那是"洋马甲"满天飞，设计师凡是洋名那大都敬为上宾，正如中国工程院院士程泰宁所说，有的重点工程的建筑招投标项目要求国内建筑师不能独立参加，必须在指定或绑定一名国外建筑师参与的情况下才有参与资格。此风之下，抄袭甚至全盘照搬安藤忠雄、扎哈等外国建筑师的设计当然屡见不鲜，反正你决策者也不知道理查德·迈耶、弗兰克·盖里、诺曼·福斯特、雅克·赫尔佐格。

　　其实，任何成功的设计，其艺术表象背后都有深刻的人文思想蕴含其中，安藤忠雄被誉为清水混凝土的诗人，但他说"当建筑以其简洁的几何排列，被从穹顶中央一个直径为9米的洞孔所射进的光线照亮时，这个建筑的空间才真正地存在"，光赋予美以戏剧性，风和雨通过他们对人体发生作用，从而给生活增添色彩。建筑是一种媒介，使人们去感受自然的存在。"在一个场地中，建筑试图去控制空无，而空无同时也在控制着建筑。"日本是从人工环境和大自然的融合中发展出来的，它产生于对地形的识读和对自然的意识。这些思想都是安藤忠雄从自己漫长的设计实践中体会总结出来的，它们才是安藤所有建筑设计经验的"压舱石"。

所以，我们要说，经验是不可复制的。大师的作品再精彩，你直接抄过来，那也是人家的，因为你抄的是皮毛，抄不走的是人家的思想和灵魂。只有你和安藤一样用建筑艺术去思考，才有可能出现大师，如王澍——那位用中国范儿的建筑语言去思考，并且对他人的"指点""虚心接受，坚决不改"的普利兹克奖得主。

说说灵感

2014年03月29日

就在协调"设计之都"月末特刊的选题会上,总编辑突然提到了"灵感城市"这个概念,"灵感"一词,我们如何定义,如何塑造灵感城市,一定会有各种不同的思考。这也让我对这个既新又不算新的运用在城市概念中的词有了不一样的感受,一座城市能被冠上"设计之都",人,就必然需要"灵气"和"感觉"。

应该承认,上海是一座非常有感觉的都市,独特的历史风貌加上日新月异的变化节奏,使得市井文化与小资文化在这里和谐共处,独特的海派建筑和融汇中外的时尚元素交织出令人难忘的城市街景。建立在如此别具一格的文化环境上,我们的城市设计必然是有据可依、有根可循,然而光有感觉,总还让人感觉缺了什么,我们虽然有越来越多的设计和创意,但我们的城市还是缺少了点活力。

这股活力源自何处?我想恐怕是城市设计的灵气。前不久,普利兹克建筑奖获得者安藤忠雄来沪讲演,以年轻人为主的大批铁杆粉丝将演讲礼堂挤得水泄不通,其中不乏特意从外地赶来的学生,他们究竟为何如此崇拜安藤忠雄?他们或被其独特的建筑风格吸引,或被其传奇的人生经历吸引,但最根本的原因恐怕还是安藤忠雄设计之中透露出的独特灵气。安藤忠雄的成功经历有其特定的生活背景，这种经历无法复制，因而从他的经历之中萌生出来的设计灵气同样也是独一无二，即便刻意去模仿也最多是形似。这些崇拜安藤忠雄的年轻人恐怕也是想从他的讲演中领悟到该如何引发自己的设计灵气吧。

去年9月，我曾写过一篇评论——《首相意识》，其中也提出了有关"设计之都"的一些批评，城市设计的细节中其实更能体现出它的灵气。某家具博览会上，一个仅有两三个英国人策划的展区让我印象深刻，他们没有大包小包带来各式各样的家具，只摆放了一两件椅子和吊灯，很"浪费"空间，但这仅有的几件却个个精品，足以体现出他们的设计之妙想、创意之灵气。他们带来的不仅是家具，更是原创力。这种不停留在表面的创意才是真正的灵气，这正是我们还很缺乏的东西。

要成为"灵感城市"，我们差了口气，灵气和感觉两者都不可或缺，两者兼具才能让人感受到城市的灵魂和活力，才能称得上"灵感"。如果净做些花大钱的面子工程，让城市满布"高大上"建筑反倒让原本独特的个性——抹灭。能不为卖相，不为排场，只为灵感而设计，才能成为名副其实的"设计之都，创意上海"。

"怪"也思考

2014 年 04 月 05 日

　　美术界将日本当代艺术家草间弥生看成"东瀛怪婆婆"几乎已是公认，但是你要让人具体说说怪在哪儿，十之八九会提到草间弥生打扮古怪、行为古怪，其次才会有人提到她的作品怪。反过来想想，这种先人后作的评价多少有些"以貌取人"，并且这种"偏见"绝不仅出现在草间弥生一人身上，想想看，一提到艺术家你是否会立刻浮现出一个留着长发或剃个光头、胡子拉碴、穿着奇怪的桀骜形象？这种对现当代艺术家的刻板印象，在我看来也有点"小怪怪"。

　　舆论多数认为草间弥生的人和创作中透出的古怪源自她的精神状态，我不禁要问：难道有神经疾病就代表她没有思考吗？别的先不说，看看参观的火爆程度就足以证明，草间的作品是受欢迎、让人惊奇的。参观者中普通人占多数，很多根本不知道草间弥生的经历背景，却依然沉醉在她的迷幻世界里。尽管草间的创作形式的确怪，但却怪得有美感、有娱乐性，能让观众享受到视觉美、精神美，这不正达到了美术的最终目的吗？倒是专业的业界人士，反而容易在无意间带上有色眼镜来审视草间和她的艺术，将重点放在了纯美术之外。

其实，很多出色的艺术家都没有所谓的"艺术家"样子，尤其国内不少大家有着良好的教育背景，长得斯斯文文，穿得西装笔挺，活脱脱像教授、学者一样，但他们的创作很可能却相当前卫突出。所谓个性、特色还是需要用作品来表现，艺术家的性格、打扮就跟普通人一样，人人自由，不应该存在艺术家形象的统一"模板"。

撇开外在因素，就单纯地欣赏草间弥生作品，或许也就像那些前去参观的年轻人那样收获单纯的感动与思考。

不止学画

2014 年 04 月 05 日

在我们的基础教育环节，美术史课至今都没能得到真正的重视，更不提艺术课。作为人类进程中的高级层面，艺术不仅是人类历史留下的结晶，更是能够推动意识形态进步的助推力。不断接受艺术的熏陶，人的世界观、情绪都会变得更丰富，变得更有智慧。而在文化分数定胜负的今天，小学中学的美术及美术史教育真是贫乏得可怜。

中小学的美术教师只教最基本的绘画技能，却几乎不涉及美术史知识，这是多么可悲的事情。即便是基础教育阶段，进行最基本的美术史教育还是相当有必要的，因为文化总是穿插在历史中，哪怕是浅显的知识储备，也能帮助学生了解文化。我们既没有给中小学生安排美术史学习，又很少有机会让他们亲临博物馆切身体验，让孩子们失去了软文化的学习机会，难以享受到艺术带来的快乐。

我曾经看到过美国一套著名的基础教育教材，它分门别类地制定了艺术史、世界历史和世界地理三部分，作者用青少年能够接受的表达，挑选出最重要、最精炼的部分，为孩子们打下了清晰的框架。更不可思议的是，这部简单易懂的教材已经沿用了百年，至今都有学校在用它进行教学。美国在百年前就有这样优秀的美术课本和美育理念，这是对素质教育真正地贯彻,时至今日,是否能够从中反思我们教育当中的缺失呢?

　　学习美术并不是为了让学生们个个成为画家,比起绘画技巧,美术史中蕴藏的文化才是每个学生都该懂点的。如今上海有了越来越多的机会引进国际性的艺术展出,希望我们的下一代能成为普遍懂艺术的新一代。

想做去做

2014 年 04 月 12 日

城市废弃物由创意而再生，这个话题每个走过或正在走工业化道路的城市都挥不去、绕不开、丢不下。当垃圾围城时，当环境恶化时，我们可否想到资源的再生利用？用废弃物经创意设计和艺术化来美化城市？唯有如此，城市废弃物才不会困住我们，每个人的生活才能过得更好。

怎么做？艺术家当然是先锋队、主力军。我们的城市需要集结这些艺术家，定期或者定点开展再生资源的艺术创意研讨，或者举办竞赛、征集活动，这样就可以加快好设计、好创意的诞生。

怎么做？当然离不开政府的倡议引导和组织。无论是我们身边的垃圾，还是废弃工厂、社区的再生创意，都离不开政府的决策指导；当政府吹响集结号，有效组织专门人才、市民百姓自然集合，他们的能量会被极大地调动起来，因为人人都有善乐美之心，高手往往就在民间。

做什么？当然是化腐朽为美好，变垃圾为艺术品。我们很高兴地看到，去年秋天上海举办的首届市民创意大赛，椰子壳变成了面具，茶叶罐变成了筷子筒，牛奶盒变成了小小的收纳盒，虽然仍是"入门"级，但谁能说能将半只椰子壳变成脸谱的人将来不是设计师、艺术家呢。所以要鼓励大家争当"一表"人才。

素养在哪

2014年04月12日

国内呼吁博物馆参观免费的声音早不是一天两天的事了,现在也的确有越来越多博物馆实行了免费开放,或是将票价定得很低,但是你会发现,绝大部分特展,尤其是来自海外的艺术展都收取门票,有些票价还不低。我想,这其中除了成本等客观因素,更重要的是"不敢免费"。

去年轰动一时的"南京中学生埃及涂鸦事件"想必很多人还记忆犹新,当时在人人怒责甚至发动网络去"人肉"这位中学生时,我却更加感到深深的悲切:与其对着这个十几岁的孩子发泄不满,还不如彻底反思一下我们国民整体的参观素养?这个孩子固然有错,却恰恰是社会素质教育不足的牺牲品之一。孩子的过失有家长和学校的教育不足的因素,更离不开整个社会的诸多不良"榜样"。无论是参观博物馆,还是参观旅游景点,随地扔垃圾、吐痰的现象司空见惯;破坏公共设施、在严禁拍摄的场所开着闪光灯猛拍的习以为常;更有甚者一到夏天就将免费开放的博物馆当做"避暑胜地",自备零食、带好毛线,每天准点进馆"孵空调",怎一个惬意了得。

南京中学生埃及涂鸦的悲剧是一个血淋淋的教训,无论孩子在学校里学习到多少文化知识,都无法弥补他们缺少的来自社会的素质教育。不仅是青少年儿童，很多成年人甚至有过之而无不及，行为方式一旦养成，要改起来甚至比孩子改更难。

  博物馆的免费开放是一个渐进的过程，市民的参观素养也应该与之共进地提升。一方面，开放低价或免费还需要馆方投入更多精力去劝止不文明参观现象；另一方面，也可以通过参观者之间的相互模仿，将良好的参观习惯灌输给更多市民。溯游从之，道阻且长，良好参观习惯的养成必定是个"长期战"，素质提高，我们的国民艺术素养才能真正进步，博物馆免费开放才能真正成为艺术走向百姓的好事。

打造遗产

2014年04月19日

  按照联合国教科文组织的解释,纪念性遗产主要涉及不同地理文化背景下的纪念性建筑、古迹和场所等。其中,战争受害国的纪念性建筑当然也在其中。与其他纪念性遗产不同的是,作为历史伤痛的见证,这类建筑更需要艺术来"帮忙",在减少负面情绪的同时,更加让人铭记历史,从而更好地反思并进步。

  日本广岛和长崎的原子弹造成了无数普通百姓的伤害,所以日本早早地就开始筹建和平公园。广岛原子弹爆炸时,捷克设计师设计、1915年建成的广岛县产业促进馆正当其下,这座新巴洛克式椭圆形屋顶、异国情调浓郁的建筑在头顶上发生的大爆炸中奇迹般地保存下来,虽然屋顶上被烧弯了的钢筋裸露在外,外墙已塌落,但它恰恰成了公园里的主角。除了对亡者的哀悼,我们更要顾虑到生者的感受,尤其是曾经经历过事件的幸存者,比起直接的真实文物,用艺术化的表现间接抚平他们的伤痛更有意义和价值。

  对于纪念性遗产来说,艺术就像是一位"大管家",他要将历史的真实展现给世人,但又需要"打造"好这些遗产在世人心中的形象和对人造成的影响,他能过滤掉历史伤痛的残酷和仇恨,却能让人更理性地去观察和思考历史背后的种种。

尽管世界遗产不都是美好的，但却一定是真实的，无论它们代表着什么样的历史，我们都应该重视并保护起来。如果二战遗迹也能通过艺术来打造，相信它们必定能给今天的人们更多积极的影响，给予我们更多前进的动力。

话说"公共"

2014年04月26日

　　公共设计说起来其实是个大概念，其中包含了公共雕塑、公共环境，以及大美术式的公共艺术等，它可能出现在生活中的每一个场所，在现代人类生活中所起到的作用也越来越重。然而，作为受益最大的普通百姓，很多人却对"公共"的理解有"偏见"，往往将公共艺术片面地理解为单纯的艺术欣赏，却忽略了更为重要的作用——文化和历史的传承。

　　汾阳路上的普希金雕像正是这样的代表作之一，很多人都觉得奇怪，为什么这位俄国大文豪的雕像会出现在上海街头？实际上，最初1937年2月10日建立的铜像是旅居上海的俄国侨民为了纪念普希金逝世100周年而造，经历了抗日战争和"文革"的两次拆毁，现在的铜像是在普希金逝世150周年时重建的。1989年，前苏联总统戈尔巴乔夫在沪访问时还专程来此敬献了花圈。这样一个简单的人物雕像背后的历史传承远远超过了视觉欣赏的单一价值，它的存在对于这个地方，对于上海这座城市就有了更丰富的历史涵义，其中的公共性也远远超出了美术范畴。

　　正因为公共设计拥有超越单纯视觉享受的文化内涵，与之相匹配的应该是市民文化和修养的提高。有些人对公共设计不屑一顾,总做出一副"公共的就是自己的"的姿态,随意破坏、到处扔垃圾、吐痰,就没有考虑过既然是公共的,别人也有权使用和享受这些设施。没有公共道德的支持,就没有对公共设计的自觉保护,这些自私利己的行为背后透露出的始终还是文化修养的缺失。

如果不把公共设计放到公共道德层面上先学会保护,又如何谈"公共"?消除把公共设施当成私人财产的狭隘想法,才有可能真正地理解和欣赏公共设计的内涵。会看、会欣赏、会保护,唯有这样的公共道德修养才能匹配上海的城市公共设计,才能有更多设计真正融入城市的每一处,成为继承城市历史、续写城市文化的市民精神食粮。

一次不够

2014 年 05 月 03 日

艺术，拒绝并批判一次性消费。

展事、赛事的后续利用在不少国家已经被人们自觉践行了很久。1962 年美国西雅图世博会场把市中心一处废弃的空间成功变成了今天的西雅图中心，1992 年西班牙塞维利亚世界博览会举行带来了整个安达卢西亚地区的神奇变化；爱知世博会，从一开始就按"临时"来安排场馆，会后"回归自然"，自然还是自然，自然充满睿智。上海世博会把大片的工业区成功转型，而接下来的阶段，转型的目的则是开发其后续价值，这恐怕是更为重要、也更加长远的阶段。

我们的很多展事、赛事还没能做到从筹办阶段就考虑结束以后的后续利用，不信你去看看我们许多大型赛事的后续情况。偌大的东方体育中心在 2011 年成功地举办了第 14 届国际泳联世界锦标赛，而如今偌大的场馆利用率还有待进一步提高。世博会原址上除了一些国家自建馆依照约定已被拆除，其他受到他国赠与的场馆在这四年间依旧闲置着，浦西的最佳城市实践区更是几乎纹丝不动，不少优秀的建筑都无人打理，有不少优秀的雕塑作品被移除甚至丢弃，实在浪费得很。

最近，当年的世博轴时隔四年才成为了商业中心"世博源"，单从商业价值来看，这四年空档期的损失就足以令人惋惜，我们没有做到在规划之时就将场地的商业销售同时进行，那么至少在活动结束后，应当更积极、合理地利用好这些既充满商用价值又兼具艺术价值的资源才是。拒绝对举办大型活动造成的一次性消费，既是尊重设计，更是对城市规划的负责。

更重要的

2014 年 05 月 03 日

　　说到提高城市品位和艺术气韵，我们自然就想到请世界顶尖艺术家、设计家来，立刻想着去全球招标，选"最好的"，但你可曾想过？你把金茂大厦放到华西村，好看吗？肯定不好看，因为它的周边是农田；但我还要说设计者捧出了一盘清新淡雅的"远香湖"，你好好地待她了吗？

　　我们可以找千万个理由，比如当初的决策者走了，这里还没人气，资金跟不上。但扪心自问，我们心里真正缺失的是什么？是意识，是悉心护花的意识。因为缺失此类意识，所以家有宝贝却视若敝帚。

　　艺术作品好比一朵花，设计只是一颗种子，花儿要长得壮实、开得鲜艳，就需要我们精心呵护、精心打理；否则，一阵雨打风吹去，再好的艺术品也只会像远香湖中的房子一样矢溺遍地猫鼠乱窜。

　　不能再荒了，行动起来吧，这些艺术品都很金贵呢！

逛馆也潮

2014年05月10日

最近几年，走进美术馆的时候会发现一个有意思的现象：除了思想新潮的年轻人爱逛馆，年纪大的人也越来越频繁地出现在各大美术馆中。很多上了年纪的人在欣赏美术作品的时候所表现出的好奇和专注让我都觉得望尘莫及。他们即便需要架着老花眼镜，凑得更近些去观赏，也依旧耐心地挨个看看作品和一旁的介绍说明，有好些人甚至能在里头泡上大半天，都不愿离去。

这不禁让我联想到我们的艺术普及教育，当我们不断提倡要让青少年多走进美术馆，让艺术教育走进课堂的同时，我们是否也应该关注到更广泛的年龄层上？无论是儿童、中青年还是老人，他们都有对艺术欣赏的需求，但是却未必有机会能时常走进美术馆逛逛，这就需要城市规划者给大家提供更多能随时享受艺术的机会。这其实也是对城市公共设计规划的一种更高要求和挑战。我们可以通过更多手段，将艺术融入到公共环境中，城市雕塑、户外广告、公共交通等都能成为艺术展示的平台，让更多的老百姓在饭后散步的时候就能在街头欣赏艺术。要更好地普及艺术教育，不光要搞好美术馆、博物馆，更不能忘记身边的生活这个大平台。

一"穿"多得

2014年05月10日

　　人类其实很有意思，对待穿戴总是很矛盾：既要穿得有"温度"，又想穿得有"风度"；既要有很多功能，又要轻便迷人。这些个要求在我们以往的观念里，往往认为它是鱼和熊掌不能兼得的，如今，穿戴艺术的革新则有可能让它们同时实现。不光是保暖，还有各种智能化的功能也能一同实现，这简直就像是"多啦A梦"百宝箱里拿出的先进发明一般，让我们的生活大变样。

　　理想虽然美好，但穿戴艺术毕竟还是一个新话题，撇开科技的革新能不能跟上，要做到艺术的设计也绝非一桩简单的事情。曾经一度，在科技还未发达的时候，古代贵族皇室就致力于对穿戴的艺术讲究，我们能看到出土的贵族服饰都精美绝伦、技艺繁复，丝绸、云锦的很多工艺至今都是艺术的集大成者。然而，美丽背后的代价是无数精细的人力劳动，有的工匠究其一生专攻一门手艺，这是现在的人无法做到的。

　　这也说明了为何今天织染绣技术科技化了，但艺术水平却远不及古人。现存技艺也多为装饰、欣赏、收藏而作，缺失了与生活的关联度，即使是少数民族服饰，也在渐渐退出人们的视野。要想真正实现穿戴艺术，还是离不开对艺术的执着，毕竟艺术绝不仅是一种装饰，更是不可或缺的一项功能。

　　当下的科技行业中，可穿戴设备的审美价值其实还是被视为次要的，有的时候甚至是有争议的。不过，当人们穿上某种设备的时候，美学和时尚就变得十分重要——它成为我们身份的象征、展现自我的一种方式；它们会引发旁人的议论，并据此定义我们，穿戴艺术的重要性不言而喻。

怎能缺"细"

2014 年 05 月 17 日

  我们常说"活到老,学到老",在我看来,这话不仅仅是指人应该有灌注一生的学习精神,它同样也是给城市公共建设的一句提示:对于艺术的学习和追求,老年人的需求同样应当重视,老人同样爱"大美术"。

  美术涉及到社会生活的方方面面,先不论作为城市宝藏的博物馆和美术馆,在我们身边无处不在的公共设计更少不了美术,而在老龄化情况严重的上海,老人无疑已经成为了享受美术的主力年龄层。我常常在艺术展上看到很多老人的背影,他们总是能够耐心认真地欣赏作品,专注的神情往往是身边的年轻人都无法相比的。这让我意识到,这些年,老人们也已经越来越有意识地成为了一个大群体而主动涉猎艺术了。

  想到这一点,我感觉到很欣喜,这说明艺术全民化正在逐渐成为上海的特色;不过欣喜之余,我也开始观察起我们的公共设计是否也注意到了老人的需求,不得不说,我们需要做好做细的还有很多。先说针对老人的优惠政策,虽然大多数美术馆都对 70 岁以上的老人进行了一定的优惠,但是实行免费的还是不多;再者,那些还不满 70 岁的退休老人同样拿着不多的养老金,一些高价的门票就很可能让他们望而却步,是否应该更细致地为他们制定一些优惠呢?

再说艺术参观中的那些细节,老人们往往视力不佳,有些可能还腿脚不利索,要他们和年轻人那样在偌大的展示空间内来回观看岂不遭罪?当我们致力于开展适合儿童的周末活动同时,是否能利用工作日时间,为老人设计一些合适的专场和讲座,或者参观活动呢?类似这样的思考和行动,我们欠缺的还是"细"。

面对严重的城市老龄化,我们应该让这些老人成为艺术消费的重要人群,发掘他们的潜力,试想:一座城市里的老人凑在一起讨论艺术,相聚去艺术展看看,该是多么有意思的城市风貌!艺术都市就该是这样,而我们还未真正做细。

救活民艺

2014 年 05 月 17 日

最近,轰动一时的纪录片《舌尖上的中国》推出了系列第二部,让人们再次把目光聚焦到了各地特色美食的同时,也让很多人感慨,中华文化中诸如饮食文化这样源远流长、影响深远的非物质文化遗产真的越来越少了。

传统美食缺乏继承者,而很多独一无二的手工艺术工艺也同样面临着这样的危机,中国的四大名绣——苏绣、湘绣、蜀绣、粤绣,就连老外都赞不绝口。苏绣的精细淡雅,湘绣的大气隽秀,蜀绣的鲜艳传统,以及粤绣的富丽堂皇,这些都离不开女工们长时间的巧手制作,在万能的机械越来越"巧手"的今天,年轻人即便学,也很少有沉得下心来坚持练习那些高超的手技艺的,于是在这样的情况下便很少再有充满艺术性的作品问世。

再过不久,我们又将迎来"中国文化遗产日",看到今年的主题"让文化遗产活起来"时,我首先想到的就是那些正在失去艺术佳作的非物质文化遗产,在经济利益高于一切的时代,这些"努力大于回报"的艺术财富正是最急需"活起来"的。因为,艺术工艺在中国文化中的重要地位绝不仅是创造精美绝伦的作品,这其中还承载了一代代中国人的历史,大到无数朝代交替,小到家族传承,就像《舌尖上的中国》将美食的传承串联着一个个家庭故事来讲述那样,非物质文化遗产需要由人来关注,来"救活"。

当我们呼吁着中国艺术要走出民族特色时,请别忘记我们还有很多"仅此一家"的非物质文化遗产可以拿出来,因此,当务之急就是要做更多工作来保护好这些无形的宝藏,别让它们有机会成为"历史"。

情感重任

2014 年 05 月 24 日

对于大部分画家而言，老上海题材是要尽可能规避的，虽然很精彩，但一不小心就可能成了"老酒换新装"，没有一点突破性。这也反映出画家群普遍的心理：觉得画不好，就索性不画了。旅澳上海籍画家贝家骧的"老上海系列"则是一次大胆突破，他不但没有将自己的独特语言迷失在"老上海"中，反而用他的浪漫情怀，将上海的城市记忆又一次展现在新老上海人面前。更有意思的是，他不仅画了十里洋场的风情，更创作了"新上海"风貌，从历史与现实的双重角度展现了心中的上海。

从上海这座大都市的角度来说，时代的发展中我们的老城厢文化和市井文化正在不可避免地流失，能留下历史记忆的建筑风貌越来越少，我们正需要艺术家用他们的热情创作，来帮我们保留下这些珍贵的城市传承和记忆，如果画家都保守地不去创作，那么等老一辈不在了，我们的后代们又该从哪里去领略"老上海"风情？也许有人会说，我们还有照片、文字这样的史料在，怕什么？可是，看了贝家骧的作品就会发现，有时候基于画家亲身经历所创作出来的作品，则能让我们感受到照片和文字所不具备的东西——城市情感。在画家的情感中提炼出他对这座城市的情感，这一部分是很多人所共有的，而只有艺术的表达才能使其升华，才能引起拥有同样经历的"老上海"们的共鸣。尽管在创作方式上大胆浪漫，但究其背后最根本、最深刻的还是身为"老上海"对这故乡土地植根于心底的热爱。

每一座城市都有属于它独一无二的城市记忆，艺术家在传承城市艺术和文化的同时，还肩负着传递城市情感的重任，勇于更新城市主题的创作，才能体现出艺术家的担当。

"做"出思想?

2014 年 05 月 24 日

对于古人,人能上天是在作梦。如果他们有幸能看到今天的世界,那么他们会明白这绝不是异想天开,而是"做"梦,是科技让梦想成真了。

3D 打印技术的出现就像是给当代艺术打开了一扇门,这项技术不仅是对艺术表现手法的冲击和革新,我们更该看到这种变化背后所反映出的意识变化。从根本上来说,艺术本身就是一门需要不断吸收、不断变化的事物,它反映出人类文明发展中对美学的不断追求,反映出人类进化过程中精神物质的不断累积,最终将这些思考的成果再次反馈到人的生活中去。以 3D 打印技术为例,我们的生活正越来越离不开信息和数字,这些新科技的出现让以往认为的"不可能"变为真实,不断改造着现代人的思维方式。当它们成为艺术的一部分,我认为这既更新了观众对艺术的认识,同时又给艺术家们一种激励,这逼得他们必须思考:当科技能完成艺术的创作,艺术家的优势又该体现在何处?

和科技"做"梦一样,艺术家的创作同样也是如此,只不过"做"梦的方式不是将梦变为现实,而是以更为抽象的手段将思想"做"出来。当艺术家追求创作上的突破时,科技的冲击反倒成了一种激励的正能量，3D技术毕竟是死的，即便它能完美复制形体，却不会有任何创新，如果写实雕塑能轻易被3D打印完成，那艺术的思想性体现在何处？比起技术的攀比，艺术家应该先反思自己的创作是否有生命才是。

数字化帮助人类不断"做"梦，那么当"艺术数字时代"到来，艺术又能为人类完成怎样的梦想？

"远距离"感

2014 年 05 月 24 日

《晨》是一个时代的风云之作,由上海一位画家创作于 1979 年,在建国 30 周年全国美展中获得银奖,为中国美术馆所收藏。事实上,很多人可能淡忘了这幅画的作者,但是他们却不会忘记这幅作品。因为这幅画似乎无声地唤起了我们对艺术的回忆,以及当年那种苦读求学的心境。

和另一位上海画家贝家骧的《昨天,今天,明天》一样,画面都联系着那个融化冰雪的初春,被十年浩劫所积压的求学求知的热情,主题贯穿着时代伤痕之后的思想解放,与此相关的是现实主义的形式探索,犹如冰河之中涌动不息的暖流。在那个时期,上海油画界具有引人注目的艺术敏感,这种敏感连接着他们对艺术形式的新理解,在主题性创作的过程中,已经逐渐显现出非凡的艺术才情。无论是专业或是业余群体,艺术创作是可以值得他们全身心投入的生活方式,不讲报酬、不计功利,他们交流的话题,可以为一堂写生示范课、一份美术信息资料而热烈升温——上海的"70 年代后期 80 年代初期",是值得深思和关注的中国美术焦点时期。那正是诞生《占领总统府》、《保卫黄河》的年代,但是在这些中国当代油画名作的背后，是特定的文化时间和空间所营造的历史转型，这种转型在素有开放意识的海上之地，获得了苏醒的先机。

不妨"执念"

2014 年 05 月 31 日

上周,我偶遇沪上一位颇有名气的设计师,他与我提起我在去年写的两篇艺术评论——《首相意识》和《灵魂跟上》,他说:"这两篇文章光是标题就深深触动了大家,同济大学有不少老师都在议论,作为设计师,我们看创意产业的发展正是如此。领导发话,设计者跟风,是该要被叫醒。"这位设计师还和我谈了很多,从他的切身感受中,借这次"设计之都"专题研讨的平台,我也想再一次"老话"重提,因为我们的城市真正的创意"灵魂"差距还很大,无论是决策者还是设计者都缺少对创意的"执念"。

也许"执念"这个词听起来不怎么动听,但这正是创意产业最需要的。首先对于设计者来说,对自己的创作思想的执念很有必要。我们常说,艺术家以及设计师往往是走在思想尖端的人,他们能够敏锐地捕捉到时代变化中的细节,并将它们以艺术的方式进行讲述,这一定程度上也是在用艺术改变城市生活并牵引人们的思想,而实际情况却并不如想象中那般美好。我们的城市虽然早在几年之前就已被冠上了"设计之都"的称号,但却多少有些站不住脚,很多设计者一味追求国际流行的一线潮流,却往往变成了跟"洋风"的典型代表,时尚流行的元素固然有特色,但却并没有附上上海这座城市的灵魂。尽管国外的设计很出彩，但却恰恰出彩在其设计与城市灵魂的契合上，我们却忽略了这根本上的问题，变得只学其形，却失去了灵魂的鲜活。

当然，设计者的这种只求潮流，乃至追求"高大上"的风气，很多时候也和决策者的发号施令脱不了干系，毕竟"领导发话，不敢不从"。然而，很多决策者自己本身并不懂设计，对于城市发展细节的把握，其实远比不上设计者的眼光来得"毒"；有些决策者甚至喜欢和别的城市PK较量，看谁建得越多、比谁建得越快，至于是否符合城市印象那都被抛在了脑后。正如我在《首相意识》中提过，英国之所以能短时间内成长为国际公认的"设计之都"，正是由于很多政府官员和创意人士比起创意带来的经济利益，更重视享受创意过程带来的快乐体验。决策者对于城市设计的"执念"要有，但应该将创意给城市注入的活力，以及给市民带来的享受放在首位。正如英国前首相布莱尔"抓大放小"，亲自操刀伦敦"创意产业特别工作组"那样，用行动为百姓创造真正属于大众的"设计之都"，不是很好？

当决策者为民的"执念"，与设计者为艺的"执念"相加，何尝不是"1加1大于2"的效果？

先来"扫雷"

2014年06月07日

虽然在北京召开的广告大会并未让我们看到纯粹的艺术探讨,但混乱而又不太艺术的广告市场现实却让我们无法停止思考。是什么让如今的广告业如此脱缰、如此放荡地颠覆一切,包括祖国的文字、传统的艺术手段,甚至我们的感官?

我们在呼吁政府加大广告市场规范力度的同时,也要思考艺术究竟可以在广告中做些什么。

广告,首要是推销产品,可是我们的从业人员也许忘了:让消费者感觉美妙、身心愉悦并勾起美好的记忆和向往,这样的广告推销产品才不会令人生厌。所以优秀的广告艺术一定是实用与审美的统一体,无论是商业广告、公益广告、政治广告、文体广告、旅游广告等,都是这样。

上世纪初的广告界红人李奥·贝纳(Leo Burnett)在1935年创立了李奥贝纳广告公司,如今的年营业额在20亿美元上下,已是全球数一数二的广告巨头了。李奥贝纳说过:"我在密西根镇长大,在炎夏的夜晚,你可以听到玉米生长的声音。""如果你只为了标新立异而标新立异,早上醒来嘴里含着袜子就可以了。"他喜欢很土的方言,他用一个资料夹管理这些灵光闪烁的只言片语,并在上面标

"玉米语言"。就是这种"玉米语言"和画面，让万宝路由问世之初的奄奄一息，到后来成为世界龙头老大，可以说是李奥贝纳让这个品牌实现了如今 300 亿美元的价值。

　　这种基于自身文化背景以及人生经验的广告之所以成功，无外乎是引起了观众的共鸣，而共鸣点恰恰就是恰如其分的艺术在里头牵线搭桥，让观众从广告创意中读到他们想要的。不管是会心一笑，还是深受感动，抑或是明星效应，如果只是哗众取众，那么在观众一阵"吐槽"过后，自然留不下一点好印象，这样的效果又如何使商品受欢迎？

　　可惜这个并不难懂的道理，很多广告人并不放在心里，在雷人广告天天污染观众眼球的今天，艺术这缺不了的"清道夫"还需经常出来"扫扫雷"。

忽然想起

2014年06月07日

　　罗森堡创意园的环境营造、建筑构筑亮点当然有钢材清水混凝土和玻璃的高水平运用，但这里最值得称道的还是环境与建筑、构造与节能、功能与舒适度惬意度的巧妙融合。是什么让这里的地下与地上、室内与室外、建筑与环境近乎完美地融合在一起？我看关键是理念。

　　曾任宝山区规划局局长的张明颇有感触地说：此园已有8年，繁华绿树中，房子需要低调，于是用了简洁的钢和玻璃，素面的混凝土；"仿自然地形地貌"的理念让挖出的土有了迤逦起伏，交错种植季节性植被让四季常鲜；房顶上的大露台，天晴时远远可见吴淞口，"理念到了位，挑战就成了转机，风景自在其中"。

　　忽然想起都江堰，说它是世界文化遗产，是至今仍在使用的水利枢纽，是功能与环境完美结合的工程，是航运、灌溉、防洪为一体的伟大工程，是人与自然和谐共处的典范，都行。无论是宝瓶口、分水鱼嘴、飞沙堰的修筑，还是"深淘滩，低作堰"的理念，在那个连炸药都没有的年代，李冰父子天人合一、物我一体的工程理念让两千多年后的我们常常充满景仰，而又心生愧意，我们做到了吗？

虽然今天的科技发展似乎让人无所不能，我们的理念到了李冰父子"把满足功能性需求的工程做成风景和遗产"的水平了吗？

不讲"规矩"

2014 年 06 月 14 日

  画人物难,画历史人物,更难。最近,龚伟海、王宓创作的大型国画《海派百年》,应该不是第一个海派主题性作品,但其出彩在表现方法的不同,他们抓住了历史人物创作所表现出的凝聚力、毅力和魄力。

  自古文人相轻,艺术家亦然,大家小范围的抱团似乎更有安全感,但却也让艺术家群体之间缺少了该有的凝聚力。这种传统延续到今天,已然成为了一个无法回避的现象。《海派百年》中将那些几乎不可能站在一起的人物"集合"起来,完成了象征性的、梦幻般的场景,就像做了一场"梦"。从创作力度和出发点看,这不仅是完成了作者的美好心愿,也是对"小团体"这种社会现象的正面批判。我们的社会应该倡导的不是小圈子,而是艺术相亲的和谐,借由此画,也希望能在当代把艺术经典传承给下一代。

  除了凝聚力,创作构思必不可少的还有坚韧不拔的毅力。选择和创作如此众多的海派历史人物,必然需要事前搜集大量资料,在脑海里描绘出历史人物的印象,表情、站位、排序、精气神和形体举止等,每个细节都要基本到位。用人物的神态、状态、形态来表述他们在创作和教学中传递给人所处时代的信息。将不同时代摆到同一画面中,让人将他们的脸谱更清晰地印入脑海,这不论是实写、漫写、意写还是形写、神写等等,每个人都会有自己的思考和分析,但只要不是"官大压死人","舞棒打死人",只要艺术家的表现是正能量的,我们都要大度、宽容、鼓励,才能真正百花齐放。

要在主题画题材中出类拔萃,还需要突破传统的魄力。正因为抱团,很多画家都不敢跳出小圈子,也不愿意大胆突破自己或团体的所谓原则或风格。诚然,历来水墨人物就很有难度,限制或者说规则很多,很大一部分勇于尝试创新的构思或命题一问世,就受到了很多质疑,要突破无限压力和种种障碍才有可能出现好的作品。其实,《海派百年》里选择的人物本身就是代表了当时的批判性,创作这样的人物,如果过于"讲规矩",恐怕也不会有如此触动人心的效果了。

万望能看到更多像《海派百年》这样敢于打破"老规矩"的作品。

不敢放胆

2014年06月21日

　　说到室内展览，马上高温季节即将降临，作为有些人的"避暑胜地"的博物馆又要吓得"抖三抖"了。一大波自带小板凳、小零食的"群体"正准备就绪，像这样的事情都已经成为一种展览馆、博物馆的普遍现象了，归根到底，还是由不少人素质没有跟上城市发展所造成的。很多业内人士无奈地告诉我们，博物馆其实都愿意为了给市民提供更好的服务而选择不收取门票或者延长开放时间，说实话，毕竟5元10元的门票对于运营成本来说根本是杯水车薪；但有了门票这道跨不过的"坎"却对阻止天天来乘凉的"常客"有立竿见影的奇效，所以很多情况下他们还是顶着舆论压力坚持收取一定价格的门票。

　　对此我其实深表理解，因为亲眼见到的就不止一、两次，这些令人无奈甚至愤怒的行为背后，还是参观素养的欠缺，而有些市民参观素养不高的背后，社会舆论或者媒体宣传得还不够也是很重要的原因之一。其实哪怕是一个幽默讽刺的15秒广告滚动播放，也多少能起到一定的警示作用。至少要通过一定的宣传，让这些人意识到，自己的行为会给博物馆和其他参观者造成多么不好的影响。没有大张旗鼓地让市民意识到自己的行为有多么不应该，没有正确的行为指导，就很难让这种现状减少，更何谈消失。

在呼吁博物馆和其他公共场所为百姓提供更多艺术欣赏条件的时候，我们也要呼吁民众请学会相互尊重；而在批评民众参观素质的时候，更要提醒媒体以及整个社会舆论，请多宣传正能量，教教大家怎么正确对待艺术。

留白余地

2014年06月21日

　　如今,"艺术展"这三个字一点也不稀奇,大大小小、各种类别和规模的几乎天天有,尤其是在上海,大到国家级美术馆的大展,小到一个店铺里的画展或图像展,几乎让人看花了眼。可是你会发现,这几年极简主义正在悄然流行,它甚至蔓延到了时尚中,成为了新宠。

　　这种对简单设计的追求其实也很容易理解,上海作为一座典型性的快节奏城市,每天生活在如此高速节奏中的人们正需要寻求一处慢节奏的"桃花源",他们喜欢踏青,喜欢农家乐,也是同样的一种减压方式。当这些人面对当代艺术时,又怎会错过极简主义艺术的静谧和安适呢?极简主义首先在视觉上,往往给人营造出一种空间上的放松,而最常表现的简洁线条和不具象的形象也能给观众带来视觉上的抽象美,观众大可不必在不明所以的造型中猜测"这是什么",因为极简主义艺术家并不想表达具象。很少有一种创作理念,是刻意剔除掉艺术家的个人主观的,极简主义正是这般将艺术的境界上升到本质的纯粹。换而言之,极简主义的艺术语言给了观众很大的空间,人们可以用一种客观、冷静的非叙事性眼光中,在艺术家创造出的客观世界里进行审美和思考。

对于生活在复杂环境中的当代人而言,极简主义艺术的魅力就在于留给观众近似小说"留白"那样的余地,每个人都可以给出一个开放式的"结局",甚至给出更多。现代人的思想越来越丰富,越来越追求意识的自由,在艺术欣赏中,他们也就越不喜欢被别人牵着鼻子走,于是,极简主义在当下越来越受到欢迎。

　　而在极简主义盛行的背后,我们不仅该看到它对于城市快节奏下生活着的人们所产生的魅力所在,还该看到整个当代艺术的现状。极简主义大受欢迎,恰恰反映出如今的大众文化、媒体媒介的某些鱼龙混杂,各种并不怎么美的绘画、装置充斥着各大艺术展,除了吓到观众,让人看得莫名其妙外,实在让人难以产生好感。当下的"简"爱现象正好也让艺术家们好好反思,观众究竟需要什么样的艺术?

细节绳之

2014年06月28日

我们举办创意设计周至今也有十几个年头了，其中不乏声势浩大者，但要说影响力大的，细节做得好的，还是有点欠缺。轰动地开幕、草草收尾的现象还是有。

上海设计之都活动周总策划贺寿昌先生说："设计绝不是少数人的自娱自乐，而是全民参与，全民体验，活动周应该有上海大都市特征。"我非常认同。我认为这个"大都市特征"，应该表现在"细节"上、"人性化"上的进一步加强和完善。纵观国际上那些知名度颇高的设计周，无外乎是以"细节"为准绳，可谓是成也细节，败也细节。

我们许多人都到过德国、荷兰、比利时、日本等发达国家旅行，每次到达这些地方总是会被他们生活和工作中的细节打动，他们几乎将设计融入到了你所能想到的一切地方，大到公共场所的建筑，小到喝水的杯子，处处体现出创意带来的便利甚至惊喜。今年设计圈的年度设计奖盛事——2014英国年度设计奖又一次让创意惊艳了世界，比如台湾出生、现居伦敦的作家薛晓岚设计的"Chineasy"字体系统，用象形字体绘成简单易懂的图像，以帮助外国人学习汉字。这个设计并不复杂，但却美观且很有实用性，当设计者用心观察生活时，才能从外国人学习中文的烦恼中萌生如此创意。而在这样的奖项中，却很少看到中国设计者的名字，这很值得我们反思。上海作为"设计之都"真的还要付出很多。

  托尔斯泰曾说：一个人的价值不是以数量而是以他的深度来衡量的，成功者的共同特点，就是能做小事情，能够抓住生活中的一些细节。设计周同样不是以数量来衡量，而应该以细节来约束。放大生活中的小细节，才能产生创意，激发灵感。记得以前某电视台曾引进了日本一档综艺节目《超级变变变》，登场的参赛者通过DIY道具，天马行空地进行各种主题表演。参赛者有个人有团体，并且年龄不限，让我们看到想象力的同时，感叹日本民众已将大胆创意变成了思维习惯。我想，我们正是欠缺了这样的习惯，在中国传统文化和生活理念中，我们并不注重细节，反而喜欢"大而化之"。尽管近几年都在提倡"细节战胜一切"，但在大多数设计周活动中，我们并没能看到具体表现，活动热闹但不吸引人，又能给老百姓带来什么收获呢？把握好细节，才能找到老百姓真正需要的。

艺术呼吸

2014 年 07 月 05 日

大运河和哈尼梯田一样,是中国至今还在使用的活体文化遗产。运河一千多公里的河段如今还在发挥巨大的通航作用,两岸沿途美景美物可谓美不胜收,走一趟那就是体味人间天堂的艺术饕餮之旅。于是如何在使用的同时让运河再活两千年,我们的有关部门一定要抑制大开发的冲动,让沿河百姓全体动员参与保护呼吸已有些不匀的老运河。

有古城卫士之称的同济大学阮仪三教授说,把"世界文化遗产"和风景名胜挂起钩来,"这是最大的错误"。"保护运河沿岸的艺术古居、民风习俗,比保护一幢建筑、一件文物更有价值。"于是,他在台儿庄听说当地有个纤夫村,激动不已,他的弟子在天津发现运河边的人保留了朝拜娘娘庙的习俗,称自己是"运河人"感慨不已。百姓生于斯,活于斯,所有的记忆、文化、习俗都依赖于斯,所有的艺术精灵都附着于斯,于是大运河就有了灵魂,运河就是养了一方人的那方水土。

正因如此,扬州让老城的十几万居民分流,留下的 6 万居民在老城里过上现代生活,对古城"护其貌、美其颜、扬其韵、铸其魂"。如今,老城里的"民居客栈"成了这座城市发给世界的名片,四海宾朋到客栈里欣赏"园林就是宅",在小巷里看蓝花布,买虎头鞋,坐老茶馆听一段扬州弹词,感受开了"双眼皮"的扬州老城区的种种典雅、方便与地道醇厚的民间艺术精灵。于是,千年扬州唤发青春。

活着的大运河,她的延年益寿需要我们的聪明和智慧用好加减法,需要沿河百姓的全面参与,参与谋划、扮演角色、严执法规、行使监督。唯有如此,申遗成功才不会成为破坏运河的新起点。

从"人"出发

2014 年 07 月 05 日

不像足球，2014世界杯就是深深创痛的"亚洲悲"；建筑界的坂茂、伊东丰雄、王澍，从2012年到2014年，素有世界建筑界的诺贝尔奖——普利兹克奖得主都是黄皮肤、黑头发的东亚人，我们应当高兴。

高兴之余，我们在思考，三位获奖者无疑都是思想充盈并让建筑充满灵性和美感的人。但是，两位日本设计师让我想到的是：他们是用各自的设计语言表达人类未来趋势的设计先锋。无论坂茂的纸管材料，还是伊东丰雄的极简主义和微调网格，都是从"人"出发，从人与自然环境的关系出发，而努力设计好的作品。

中国王澍的作品同样愉悦身心。"中国的山与建筑的关系，从来不是景观关系，而是某种共存关系。"王澍用旧砖旧瓦杂陈着围合出象山校区，用极先锋的创作手法叙述着悠久的中国式建造传统，他用中国建筑语言让传统在当代再生，从而赢得世界的点赞。

因为普利兹克奖无规律可循，因此三人的成功之道也只能称为"各自成蹊"。但坂茂面对"您受到东方传统建筑、日本传统建筑风格的影响吗？"的提问时，说"在审美意识上有潜移默化的影响"，"不过我没有刻意要建造日本式的东西或者模仿日本的样式",他想做的是"为经历自然灾害后失去住所的人们设计一些更好的东西",正如佛家人说的"悲悯情怀";而王澍,要见的是那山那水那人的天人合一。

这情怀,正是人类相搀相扶努力前行的动力,我们希望在世界的舞台上更多地看到这样的建筑作品,更猛烈的亚洲风刮起。

怒得漂亮

2014 年 07 月 12 日

或许在很多人眼中，涂鸦是一门很随便的艺术，因为它随时随地都能被创作出来。这种说法可以说对，也可以说不对，说对是因为涂鸦的形式和创作可以天马行空，它能适应的环境也的确无处不在；说不对是因为它的随意性是有框架的，没有法律和道德的约束，怎敢随便？

因为创作门槛不高，对涂鸦文化的界定也很模糊，这的确是个难题，但最起码的一个要求一定要做到，那就是作品至少给人美的享受。随便拿罐喷漆，找一处墙壁喷几个英文字母就敢说是涂鸦？未免有些可笑。真正的涂鸦艺术是有灵魂的，它们不同于被收藏在艺术馆内的绘画和雕塑，它们往往更接地气，表达的东西更加直观，但同样少不了对艺术审美的追求。

今年巴西的世界杯，除了精彩紧张的赛事和强大的明星阵容，最值得关注的就是里约热内卢热火朝天的涂鸦。艺术家们在街头巷尾"各抒己见"，有的画对世界杯的期待，有的画对世界杯的不满；有的看了令人振奋，有的看了引人深思。世界杯的精彩和巴西人民的就业难在涂鸦作品中进行着无声的"对抗"，但不管支持哪一方，你都能收获到美的享受。即便是抗议世界杯的作品，你也看不到低俗的口舌战，虽然没有打出字眼喊口号，却谨慎地将愤怒转化为比喻，这才是涂鸦作品应该有的表达涵养。

国内，我们有或曾经有过一些知名的涂鸦墙，但其中的一些"高级"作品很多都出自外国艺术家，并且在各种拆迁中，很多涂鸦"圣地"都消失了，在大家大呼可惜的同时，我们是否也应该想想，我们的涂鸦艺术究竟美吗？它们又能带来什么样的思考？起码要明白，涂鸦不是随手留念，应该慎重对待。

虚心 不改

2014 年 07 月 19 日

当代十大建筑评选值得思考的很多：中国这片大工地建设正酣，中国尊、中央公园广场、上海中心这些庞大的建筑（群）还正在热火朝天地建设之中，这常被人们称为"竖着的城市"，却少见中国风。

中国许多地方目前还是外国建筑设计公司的逐鹿场，中国设计师当配角的还很普遍，问题出在哪？是自信心不足导致政府、开发商崇洋媚外。外国人除了要价高以外，他们一定会做得比中国设计师更好？我看不见得。

这让我想起了三年前中国设计师王澍因"中国美院象山校区"而首获世界普列兹克奖。他的作品首先说了"中国话"，其次在环保、节能上占了先锋，让所有爱挑刺的国际级大师评委闭了嘴。王澍走出这一步，是在于得到了妻子"虚心接受，坚决不改"的应对攻略，他顶住了来自上上下下的压力，走了自己的路，他的坚持、他的不改、他的傲骨，最终得到了世界建筑界的认可。

经常与业内朋友聊起，如今的建筑界，浓浓的商业味重重地麻痹了建筑审美的追求和趣味。所谓建筑设计方案评审现象，最初，专家们尚能有一说一，各抒己见，至少都是行话，可往往领导一来，出现的局面就是长官一锤定了音，虽然领导中也有行家，但毕竟凤毛麟角，现实中"进了瓷器店的大象"之类的领导更多，他们往往用长官意志踩碎了设计规律，这当然应该受到批判，但现场专家面对行政威势的哑然，甚至集体无语，就对了吗？

所以，要建筑界点燃中国的传承艺术，让"中国风"傲树国际建筑界，一个设计人的骨头"轻与重"、"软与硬"也会决定世界对你的尊重和微笑。

跨过"山寨"

2014年07月19日

随着对"山寨"的骂声渐响,"山寨"似乎已经成了一种值得注意的社会现象,有人就调侃过,我们已经不需要出国旅行了,埃菲尔铁塔、狮身人面像、伦敦塔桥、奥地利小镇……我们只要环游各省,就能享受到"国际"景点,似乎"山寨"俨然成了我们一道跨不过的坎了。

尽管地标建筑的山寨版层出不穷,赚足噱头,但却没法打动人心。为什么?因为它们再美也始终不是我们的,要知道,世界上知名的地标性建筑,其标志性背后都有着当地独一无二的历史背景撑腰,离开了那个环境和文化,它所展现的精神和气场就不见了,这也正是为何"山寨"建筑都空具其形,而不具其韵了。就像美国的"永远的玛丽莲"巨型雕像,辗转在美国街头展示都有其象征性,而其山寨版在中国就显得不伦不类,尽管其年仅6个月就"夭折"的事实更多源于版权问题争论,但其满满的违和感相信也不会让它更长寿。

其实,"山寨"问题我国并非首例,印度、韩国等许多国家都有仿欧建筑,这其中有抄袭,也有借鉴,加以正确的区分和选择,还需我们在跨过"山寨"这道坎的摸索过程中慢慢来。不是说东西方文化就不能融合,比如说很多西方建筑大师都很偏爱中国建筑元素，哥本哈根大学宿舍楼的设计灵感，就是来自中国的福建土楼，但建筑表现出的艺术性和设计感绝不会让人觉得"山寨"，反而青出于蓝胜于蓝，原因是设计师借创意将土楼建筑特色与当地环境进行了融合。

在如今这个什么都要有创意的时代，"山寨"走不了多远，要想提升城市品味，还是要靠创意说话。随着老百姓对"山寨"坚决说不的态度日益坚定，相信设计与创意还是会降临。

个性孤立

2014年07月26日

最近,我与几位海外特约评论员——美国纽约的寿达林、法国巴黎的平一亮,以及伦敦的单靓瑜,利用微信平台,针对"个性化让设计者自身孤立"选题进行了一场跨越多国的对话,我们笑称其为一场"飞信会艺",首次尝试这样不见面的小组讨论,却反而让四人之间的观念更加碰撞、更加贴近。

如今,"设计"在全球范围都不再是个新鲜词,然而对于设计者来说,能否在坚持个性的同时得到更广泛的认同,是一个更高层次的要求。在这次"飞信会艺"的探讨中,身在不同创意之都的特约评论员们提出了不少引人思考的观点。在作为"创意之都"鼻祖的英国伦敦,单靓瑜更善于从对比中反思我们的优缺点,他说道:"上海近几年也举办了不少创意设计的展览,却让人看了总觉得不知所云,大多数设计都没有突出的功能性,也许外国人图个新鲜会觉得喜欢,但这样另类却不实用的设计,老百姓不会买账。"再对比伦敦创意设计善于将概念与实际应用结合的特点,"伦敦的设计创意善于从改善大众生活的初衷为出发点,因此在细节上不但体现了艺术感,更能在生活中加以运用。国内设计者却往往容易忽略这一关键。"

的确，我们很多设计者往往做不到个性与实用的兼容，因此一旦执着于个性化表现，就很容易让自己被孤立。远在纽约的寿达林听后也表示赞同，他更提出了文化在设计中的重要性。"要想被理解，就要把握设计的灵魂——文化，设计在何处，就要考虑本土文化是否融入其中。作品美不美，要靠当地的口碑为主进行判断，只有基于对当地文化的熟悉，才能设计出好的风格。"

身在巴黎的平一亮针对艺术审美表达了看法，他认为正是因为国内的创意产业还处于新兴阶段，很多设计作品都是试验品，个性不足或是孤芳自赏都是在探索过程中的曲折，最重要的应该是如何在打着"创意"旗子的鱼目混珠者和仿造他人者中走出真正传达"美"的原创设计。如何把关审美，也是衡量设计者对作品的掌控力，而有了正确的主导方向，创意设计的个性自然就不会是小众的，而是能够满足城市需求、迎合观众口味的精彩呈现。

尽管只是在微信群里的隔空对话，但在一来一往的热烈讨论中，我们看待个性化设计与设计者自身的问题上显然有了更丰富的理解。正因为上海正在热力打造"设计之都"，这些关乎到每个设计者的反思在当下就显得更加重要。当我们不再关注活动如何，而是换个角度将目光投到作为创意产业支柱的设计者身上，才能更清晰地意识到这一群体在个性化中有着怎样的困境。个性不是设计者自己给的，而是观众在他的作品中感受到的，那些因个性化而导致自身孤立的设计者，诚然是本末倒置了。

壮胆突破

2014年08月02日

　　杜尚有件备受争议的作品恶搞了达·芬奇的名作《蒙娜丽莎》，他在蒙娜丽莎脸上画了胡子，还写了"L·H·O·O·Q"，意为"她的屁股热烘烘"。杜尚觉得这个创作很好玩，却被当时许多崇尚传统艺术的人们骂得一塌糊涂。这个小故事让我印象深刻，不是因为杜尚这幅作品的艺术性有多高，而是杜尚在那个对传统艺术仍旧十分推崇的年代，敢于用行动告诉我们：传统的经典没什么大不了。

　　可不是！如果达·芬奇在画《蒙娜丽莎》的时候不敢突破传统，那么也就没有了透视法带来的惊世名作，一如没有杜尚当年的惊世骇俗之举，就不会给当代艺术留下创作意识的更新。对于当代艺术而言，杜尚是西方现代艺术不得不了解的人物，但看看如今的当代艺术家对待杜尚的态度反而很古怪，在杜尚去世半个世纪后的今天，依然有人在"炒冷饭"，还在玩现成品艺术，处处看得到杜尚的风格；以杜尚为主题的所谓创作层出不穷，但是也愣是没让人看到些改革和变化。

　　我不禁在想，这种趋势究竟是当下的艺术家创作严谨到不敢跳脱传统的创作方式，还是太过随便地抱着"背靠大树好乘凉"的想法在敷衍了事？如今的当代艺坛虽然谈不上百花齐放，但也不断有新鲜的东西出现，这些"杜尚"保守派中可能还是对创作漫不经心者居多。或许这也和我们的艺术教育模式脱不了干系，专业也好、业余也好，总看到仿效加点自己的元素就成了个性化和创新。这样使整个社会对另类艺术的包容力和理解力产生了复杂的心态，也容易让很多青年艺术学者选择随大流，创作那些叫好又叫座的作品。

要打破当代艺术的僵局，关键还是要艺术家们壮起胆来，弃模仿、求真实、勇敢地尝试用自己的语言表达当下，不要在心态上过于有负担。比起创作方式，杜尚对于当代艺术更重要的，应该是他的务实大胆。

灵魂出窍

2014年08月02日

　　文物搬家，场地已经变化，艺术还能如故，气韵尚能如初生动否？确实是个问题。所以，业内有专家坚决反对文物型建筑异地保存。

　　英国电影《鬼魂西行》讲的是一位美国阔佬在欧洲突发思古幽情，竟买了一座古堡，海运西行到了美国，重建起来，不但原部件一一落位，分毫不差，竟连古堡中的"鬼魂"也一道带回来了！这只是个电影，但表达的思想在现实中却是我们不断要努力的目标。

　　到过埃及拉美西斯二世神殿的人可能已经发现，拉美西斯二世神像的第二尊没有头部和上身。往下看，他的脚边的地上放着其头部和肩膀，严格按照原样摆放着。

　　可是，如果你到陶然亭，也许受当初清音阁、云绘楼"定居"的启发，公园里后来居然建了"园中之园"——华夏名亭园，星罗棋布地"密植"了许多"华夏名亭"，从这个亭三步两步就到了那个亭，左一转右一转又到了什么亭，原本散布在祖国各地人文艺术气息活灵活现的"亭"们局促而尴尬地挤到了一起，情趣顿失，观亭的我们既无法体会"曲水流觞"之雅趣，更难咀味文忠公的"太守之乐"。

　　中国古代营建，无论皇家宫阙、宗教寺观、贵族华堂，还是平民的瓦屋草舍，在选地、设计时，除了工艺乃至社会学上的标准、规格、法式外，都还要察堪舆，看风水，因地制宜的，极少孤立地专一考虑房屋的式样或技术要求。

因此，不要轻易异地移动古建筑；必须异地保存，不敢掺杂其它目的，否则艺术、韵味即刻"灵魂出窍"。

为何"同行"

2014年08月09日

　　最近，画圈业内人士总会议论到正在上海中华艺术宫里举办的"同行——2014美术馆联合展"，其中最主要的原因是"七展齐发，谁与争锋"的大手笔，让人多少感到有些新鲜和震撼。在我以往的印象里，国外的艺术作品展出分量总是略重于国内的展出，无论是票价还是人气，总是较国内展要高。而这次以国内展和国外展"同行"的方式进行展出，主办方着实有些精心考量和行为魄力的，这其中要打破国外展分量重的"魔咒"，就更加考验策展的形式和呈现出的效果了。

　　看到这个"同行展"，我的脑海里立即浮现出几个疑问：为何"同行"？怎样"同行"？是借国外展的人气拉动国内展？还有，通过这样的形式我们能够借鉴到什么？在我看来，在同是"表现主义"为主题的情况下，"同行"的表现绝不仅仅是体现在"七展联动"的形式上，我们可以通过时代顺序来看，也可以按照地域文化差异和共同来看，在截然不同的风格和氛围下，我们再来反思中国表现主义的发生、发展，才显得更加准确清晰。

　　再者，中华艺术宫每天都要接待上万名来自全国各地以及海外的游客，这些人绝大多数不懂艺术、甚至可能根本不喜爱艺术，只是被旅游团拉来到此一游的绝不在少数，要如何"同行"让来这里的观众得到收获？我想，很多人并不会重点关注每个展览的背景介绍、风格流派，他们在其中看到一两幅能够让自己印象深刻的作品就已经是一份收获了。"表现主义"更是适合普通大众观看，因为很多作品大胆自由，充满艺术家对世界的主观感受，源自生活。艺术家隐藏在作品中的感受很容易与观众自身的情感体验引发共鸣，如此一来，观众也能跟艺术家"同行"了。

毛毯服务

2014年08月16日

参观素养这个话题其实真的不新鲜了,但是至今大家都在老话重提,至少说明一件事:国民参观素养还是有待提高。又到了夏天,一位美术馆的朋友最近无奈地调侃道:"夏天到了,我们适当收些门票,也能保证参观环境好一些。"我一听就明白,他说的可不是用门票收入增加更多设施,而是指门票可以挡住很多拿美术馆当纳凉场所的人。而事实的确一点也不夸张,在馆内免费场馆内,人头攒动,而人潮最集中的地方不是什么大师佳作前,而是公共休息区域;而收费场馆内则截然相反,站在里面的人无不是在认真看画。

诚然,我们国内的美术馆在人性化服务上和国际知名美术馆有一定的差距,就像日本美术馆常见的"毛毯服务"在国内几乎看不到。"毛毯服务"体现了什么?这即是对美术品和参观者的双重保护,美术品需要低温环境以保证不受损坏,而这种低温对于身着夏装的人是难以长时间承受的,因此美术馆会为观众提供免费的小毛毯用。如此美好的人性化服务真的能这样应用到国内吗?我相信很多美术馆不是不能,不是不愿,而是不敢。如果免费出借,最后又有多少人会归还?

说到底，参观素养也是需要美术馆与观众相互信任才能产生，我们不能一味责怪美术馆不够人性化，也要扪心自问一句：我们的参观素养提升到一定境界了吗？国内观展往往只要是较为珍贵的作品前都会安排保安严格守护，因为总有人会拼命凑上前，越过安全护栏，而在国外，保安总是站得远远的，生怕阻挡参观者的视线，相应地，参观者们都井然有序，保持距离地看画。如果我们有一天也能做到这样，相信"毛毯服务"也不再是什么稀奇事了。

品"质"教育

2014年08月23日

　　不知从何时起，学美术有了这么个"怪圈"：各大院校里的美术专业几乎成了"文化课差生集中营"，谁家孩子成绩差，为了混个大学文凭，大多数家长和孩子都愿意转去学美术补分数。如此而来的美专毕业生，往往懂得绘画技巧，却缺少知识的培养，随之而来的，就是有文化的青年画家越来越少，有品质的作品少了，没品位的东西多了。

　　诚然，如今正是年轻画家活跃的时代，大张旗鼓举办个人展的也绝不在少数，想方设法到处乱做广告的也比比皆是，可其中有多少是靠作品说话的？往往宣传力度再大，来看展的人也多是朋友或认识的人，最终个人展也不过是一场声势浩大的私人派对罢了。对于真正想看当代艺术新力量的观众而言，这样的青年画家有品质吗？答案自然显而易见。

　　没有知识，只有技巧，充其量只能是画师，而有文化则会让有技巧的画师升级为画家。今天，"画家"两个字显得越发没有含金量，能画两笔的都被捧成"画家"，也就让人越来越不重视文化和知识的重要性，所谓画家也就鲜有高品质和高品味者出现了。艺术创作最不缺的就是技巧，无论是天赋异禀的，还是勤能补拙的，只要不断练习都能达到一定的高峰,我想这就要说到"学"与"术"的关系了,只重"术"不重"学",正是整个当代艺术范围内普遍存在的现象。绘画本身就是现实最真实的一面镜子,时代不断在变,人的思想、审美、价值观不断变化,艺术创作应该走在前头,比别人早一步看清社会的变化和发展。这种观察力和表现力,没有对社会、文化的熟悉和掌握是无法拥有的。所谓艺术品质,也正是出自这种对社会敏锐毒辣的判断和犀利独到的表达,只有文化的奠基,这种独特与个性化才能称得上有品质。

敬畏在先

2014年08月23日

　　欧洲文物保护成果博览会今年11月又要在德国莱比锡举办了，名字就叫"国际文物保护、修复和改造博览会"，展示的是他们保护、修复、改造文物的传统手工技艺和修复技术。德国和欧洲成熟的经验、先进的设备、被修复的成品（包括器物和建筑），一定会很养眼。

　　但我更想说的是，这些都不是最重要的，对待祖先传下来的艺术结晶，最重要的是：敬畏它，悟透它，然后才是修复它。敬畏，你就不会乱动，不敢长官意志，不愿随便乱来；悟透它，你就要去琢磨这块石头这根梁原来在什么位置，弄明白当然需要时间。需要时间怕什么？这些好东西都已传了成百上千年了，还在乎多那么几年？慢慢琢磨你就得了正果。有了这些，如果你还受过专业训练，修复它就是必然的结果。

　　最可怕的是没有敬畏之心的人，没了它就什么都敢干，就像那只进了瓷器店的大象，结局必然是毁灭性的"建设性破坏"，所以有业内人士说，对老祖宗的东西毁得最多的是最近三十年。呜呼哀哉，痛！

"微"艺术圈

2014 年 09 月 06 日

不可否认,我们已经进入了"微"时代,人们似乎习惯了这种"快餐式"的生活方式,"快"已然成了一个重要标准,无论是微博、微信、微小说、微电影……人们的生活似乎都在缩短时间、简化流程中加速着。这种"微"现象也已进入了艺术界,微绘画、微展览、微拍卖等等,无可否认,信息化的发展让艺术互动也变得古灵精怪、形式多变、简单而更容易上手。

在这看似便利、好处无限多的"微"时代,我们真能放心大胆地利用之来优化艺术活动吗?未必。我想,"微"时代的信息化始终是一把双刃剑,在加速艺术传播、丰富艺术观念的同时,更要警惕在这过程中可能产生某些扭曲的艺术心态。本来,在微博、微信等平台,美术能够得到一个更加生活化的展示平台,画家不但可以更详细地表达自己的观点,还可以轻易地通过这些平台实现与观众的互动交流。然而在这个网络相关法律发展远远落后于网络功能更新的现状下,这些便利很可能被利用来恶意炒作或牟利;也可能会由于在网络上没有一个恰当的评判准则来约束,让美术作品和艺术家被不恰当评论,也有不恰当的炒作和抬高自己,甚至在网络上引起不必要的"骂战";再者,在网络上对作品或艺术家进行评论很容易给人"贴标签",不加措辞的留言攻击也可能给艺术家创作带来消极影响。

固然,快节奏的"微"时代给艺术带来了新的拓展领域,观众能接触到更多国内外艺术讯息,但如何过滤信息的真实性,如何判断作品的好坏,则需要更多考虑。不光是观众需要反思,艺术家们更该为自己敲响警钟,在这个复杂又自由的大环境下,明白该以怎样的艺术心态自处,撇开功利,做好人、做好自己的艺术。

坚持本性

2014年09月13日

　　"上海艺术影像展"结束有5天了，但是议论还在持续，只不过最近的话题已经从展品如何转移到了摄影艺术与收藏者和普通观众之间的融合性上来了。不论是对于刚刚起步的国内摄影画廊，还是较为成熟准备进军中国市场的国外画廊而言，国内市场目前鱼龙混杂的情况是需要注意的，画廊本身不但要把好作品关，更要在这个并不稳定的市场中找到立足点，那么首先需要考虑清楚的，自然还是那个老问题：中国的观众需要什么？

　　这个问题并不是要画廊把国外那些收藏价值高的作品一股脑带进来，让"土豪"们挥金如土，而是期望画廊能更长远地考虑到摄影艺术在中国的生存该如何进行。原本，对于艺术品的评价就没有什么固定的标准，那么好坏由谁说了算？自然还是靠观众的判断。但是目前中国当代摄影的发展并不那么成熟，即便是这次的"上海艺术摄影展"也同样不免有些鱼龙混杂，在这样的情况下，要让观众形成冷静客观的评价并不是一件容易的事，很多时候，观众会受到西方评论的影响而对一些西方的经典作品产生先入为主的印象，如此便很可能失去自己的文化立场，迷失了民族的本性。

当代影像本来就是一门相当有个性的艺术类别，而个性的体现同样离不开地域性和民族性，如果连本土的观众都无法立足于自己的文化立场来进行评价，反而跟着所谓国际名望来看待作品，岂不也是戴着有色眼镜的表现？我想，作为画廊，在展现当代影像作品的时候，更要为文化发展多做考虑，多为观众筛选一些有个性的，而非随大流、跟着西方走的作品，引导普通人学会评判影像艺术，才是目前最要紧的。

互动起来

2014 年 09 月 13 日

用数字艺术展示古老艺术瑰宝,尤其是已经成了废墟的、或者进入暮年的国宝,当然是件可喜可贺的事情。否则,我们只能凭想象乱猜那时景象,繁华,究竟如何花团锦簇并无感性经验,毕竟阅尽繁华之人太少;更别说那些从不开放的特级洞窟了。

数字技术当然神奇。比如,当你走进数字化"创意设计馆"中,来到《京剧"变脸"》装置中心,当你在其感应区走动时,所有的脸谱会朝你"看";如果你愿意,还可以在屏幕上"画脸谱",寥寥数笔,屏幕就猜出你心中的脸谱样子,于是屏幕上立刻就幻化为真人秀,并唱上一段京剧:我的个神啊!在这里,你还可以听到大自然放歌:脚踩土地的声音、雪地行走的声音、小草折断的声音,肯定能让你回到纯真:艺术得一塌糊涂。

可是,数字敦煌、再现圆明园中还看不到。我们知道,数字化展示技术表现为三个"I":Immersion(身临其境)、Interaction(交互作用)、Imagination(想象天地)。应该说,专家的努力,让我们人未到场却胜过到场,让大家想象的翅膀都使劲儿飞呀飞起来了,就是互动性还不够:继续努力吧!

要知道,交互游戏是数字技术的强项,更是人类元初的本能!互动起来,数字艺术会更美的!

好看 耐看

2014年09月20日

好看,当然是校园雕塑的法则。一尊大家看了就要揶揄几句的雕塑,最多也就算是"看图说话"式雕塑,是不符合大学"原创"与"独立思想"等精神原则的。

第二类就是好看的雕塑了,比如华东理工大学的孺子牛雕塑,金灿灿的,说"师生们口口相传称其为孺子牛、开拓牛、牛雕塑",可见学校官方对它的热爱之情,以至于称"与勤奋求实、自强不息、勇往直前的精神很契合",雕塑成为校园内的赫赫人文景观也就很自然了;东华新校区里的体育群雕,由学生充任雕塑主力,反映的也是青春的飞扬勃发,于是沿着体育馆走过去,足球、手球、篮球、网球……雕塑一律大写意,大气磅礴并轻盈飘逸:它们都好看。

好看但不独特,于是我们要问:校园雕塑何时更耐看?高校作为科学技术的主力军、思想库和人才的摇篮,特点决定了文化氛围的营造也"不走寻常路",如果在证券公司、在外滩也看到一头"牛雕",在市民体育中心也看到"球群雕",恐怕就有些记忆"打架"了:嗯?在哪见过。

于是,"耐看"就真成了问题。要耐看,首先要吃透学校的文化特质、思想追求和精神旨归，然后契合艺术的"焊接点"，让那头驴开始低头沉思，诗人自然就有"清趣"，学校文化特质当然也就是"这一个"，很难复制。

谁说了算

2014 年 09 月 20 日

最近网上一则"盘点劳民伤财的被拆雕塑"帖子，看了让人发笑过后，感到更加悲哀：仅存活 11 天的"飞天"雕像、造价 1.2 亿未完成即被拆除的宋庆龄雕像、倒在垃圾场的巨型梦露像……高昂的造价、毫无艺术感的造型，加上说造就造、说拆就拆的行为，无不令人感到惊诧。难道我们没有好的雕塑作品？答案自然是否定的。关键还是"长官意识"在作祟。

雕塑设计谁说了算？国内某些地方花了重金完成的所谓能够代表地方文化的地标性雕塑，都是领导一锤定音的"面子工程"，而要给地方做出成绩，撑足面子，"像样"点的，自然是"高大上"的。那些个巨型"大块头"，呼应一下当地的文化特产，比如说到乌鲁木齐就想到丝绸之路的"飞天"，慈善基金会就雕个宋庆龄头像之类，别说文化传承和艺术性，仅造型就够没新意的了。

作为城市公共艺术，雕塑的设计感如何与投入花费多少并不成正比，之所以"高大上"成风，也是因为某些领导认为花钱越多越像样，更有甚者在众人吹捧领导政绩后还将这样的"面子"工程作为成功典范。这真的像样吗？相比之下，西方的街头艺术大多没有投入过多财力，也很少有造完就拆的案例发生，绝大多数城市都很节俭，雕塑和装置的生命力往往也很持久，不到损坏几乎不会被拆除，因为它们大多听取艺术家的意见，再由官员进行把关审核，而非一人说了算。

　　我们一直在提倡城市雕塑要"小清新"，不要"高大上"，尤其是被高楼包围着的都市空间如何容得下"高大上"生存？像样不是靠重金打造，而需要长远的眼光，什么是最适合的，相信艺术家会更有发言权。

"巨大"有度

2014年09月27日

上周,在和一位朋友聊天时他谈到了在上海陆家嘴开车的感受:"堵着车,感觉自己被金茂大厦、上海中心这些'擎天柱'给包围了!这是在开车吗?简直就是在夹缝里钻来钻去。"朋友戏称这是在上海感受到的"巨大"压力,当然,这也是很多生活在上海的人的切身感受。

就拿陆家嘴来说,不断比高的摩天楼层出不穷,似乎高度代表了一座城市有多现代化。可是除了地标性的高度,这样的高楼云集会不会给人带来压抑感?上海的城市规划会不会受影响?想想整个城市虽一到夜晚就灯火辉煌,出一趟门却常被堵在高架上的情景,我们实在难以赞美,我们在规划城市时是否把人性化放在了重要位置?

我曾在去年9月写了一篇《"炸掉"烦恼》的评论,也同样提及了有关城市规划带来的空间危机、视觉危机和情感缺失问题。当时我提到在瑞典斯德哥尔摩城"乱搭建"的历史故事:由于全城都是百年的历史建筑,只有东南方有两栋三十多层的现代建筑,出于对城市风貌的保持,多数斯德哥尔摩人都支持炸掉这两栋格格不入的现代高楼。这在我们看来是多么"浪费"的一件事,但出于对城市规划的重视与批判以及对历史文化的协调与保护,他们理所当然地认为比起城市面貌保护而言这都不算什么。而我们呢？城市"巨人症"有四处扩散的趋势。

　　对于城市规划，要拆旧建筑，要造新建筑，百姓不该只是旁观者。上海的传统风情建筑越来越少，曾经迷倒世界的"老上海"如今也只能在浦西为数不多的几条马路上寻到踪影，这样的城市规划究竟以何为本？

　　我想，做到人性化规划我们要做的还有很多，城市规划的决策者，更要在尊重事实的基础上严格把关、多听意见。像上海这样充满历史底蕴、拥有特色建筑的城市不应该放弃历史传承，在现代化深入的过程中不忘江南特有的"小清新"，就如朱家角、松江那些满载文化的老建筑，都能拿来借鉴成为点缀城市的亮点。当我们能在市中心看到更多"小清新"的建筑和公共设计时，相信效果会更好！

去去"火气"

2014年10月11日

国庆节除了疯狂"挤人头"四处旅游，不少人也不忘关心艺术拍卖，我不禁联想最近身价倍增的霍夫曼新作中秋"大月兔"在上个月先火后烧，也实在是让那只在月亮上捣药的玉兔真正"火"了一把。作为中秋传统，原本"玉兔"的形象并不突出，很多年轻人甚至并不了解这些传统故事和由来，但通过这只现代版"大月兔"，让年轻人也对传统文化产生了兴趣。

不得不说，"大月兔"的高人气还是有目共睹的，年轻人因为觉得这是一种时尚的艺术表现而反响热烈，但我看到的更多是商业味，将简单的符号放大，并置于公共环境中，让人们在熟悉的场地看到巨大又陌生的造型，就像是给传统文化换上了现代的装扮再粉墨登场一样。这样的作品很讨巧，利用中国的传统典故，加以包装和宣传，就一跃成为了众网友疯狂转载的"中秋节限定款"。可以说，这股时尚一方面是幕后炒作在推动，另一方面也是大众通过网络等媒介追捧出来的，这其中多少有些人云亦云，甚至有"人来疯"的成分在。

值得肯定的是，"大月兔"这样的作品还是在一定程度上传递了正能量，它让年轻人对传统节日有更多关注了，但是对公共艺术的欣赏还是需要有自己的理解和想法，尤其是在我们的当代艺术还未成熟的阶段，作为对艺术感兴趣的观众，应该逐渐培养自己的判断和思考能力，更多反思一下什么是"时尚"。

最后，还是要说到设计者的创意，这样的"大月兔"可以给我们国内设计者很好的启发，并不复杂的构思为什么我们却想不到呢？属于我们的文化为什么要外国人炒作呢？在公共艺术方面，我们还在起步阶段，希望通过"大月兔"也能刺激更多设计者有属于中国的原创作品出现。

当心失控

2014年10月11日

也许是意识到地标建筑在世界各地过度被热捧,今年的世界建筑节专设了一个话题:地标建筑是否失控?我们真该为这个议题叫好!

把房子建成地标,当然是个很好的初衷,可是动辄"地标",走上三五百步就碰见所谓一座地标式建筑,这座城市肯定是出了问题。

一般情况下,设计师心里想着的就是尽最大的努力,将作品设计到完美,从功能到外观都好。可是,在打造"地标"的目标下,往往会让人心底里成就了"拉风一方"的念头,于是就与建筑的最需要的审美要求、经济原则渐行渐远者比比皆是。这样想方设法出风头,非但没能受到认可,反而让雷人建筑在我国层出不穷,三观尽毁的设计作品让很多地方成了"雷场"。

安徽最近出台了一个规定,领导干部因个人喜好干预建筑设计将被追责,这不难反映出在决定建筑风格时,往往设计师很难拍案定决,反而可能为了迎合领导的心意,而不断修改设计,因此许多贪大求洋、盲目模仿、"山寨"频出都成了我们的城市中经常出现的问题。此规定要求各级领导干部尊重建筑设计规律,尊重专家意见,尊重设计者的原始创意,这也是对很多决策者的一点提示,千万要给艺术一些自由和尊重。

　　打造地标,这是一个长远的目标,并非通过设计就能立刻实现,更多地需要结合建筑所建造的人文、交通等很多情况,才能逐渐在市民心中留下印象,逐渐成为耳熟能详的名物。无论是设计者,还是决策者,不要去迷信地标建筑,才能不让建筑迷失在好大喜功中。

升级"快乐"

2014年10月18日

提高城市幸福指数并不是一朝一夕就能完成，其中艺术能发挥的力量不容小觑。这几年，在我们的城市规划中，艺术、创意对幸福感的影响日渐凸显，我身边的新上海人也好，本地朋友也罢，都明显感觉到城市公共场所的雕塑多了，越来越多的人对于生活和工作环境的创意需求也越来越大。不过，一位搞艺术的本地朋友曾经这样描述：上海是一个充满现代气息的城市，能让我感受到快乐，却很少感觉到幸福；可以说，幸福是快乐的升级，因为快乐更多流于表面，而幸福是发自内心的感受，更加触动人心。换句话说，我们的环境有艺术但还不能真正融入人们的心底。

我们经常提到，城市的公共环境艺术水平高了，就能很大程度让人感到愉悦，这也是很多欧洲艺术发达城市带来的启发，前几天我在瑞士日内瓦湖沃韦小镇边拍摄到这样的场景：湖面上一把巨大的餐叉"插"在湖面上，格外醒目；岸边不远处则有一座卓别林像正看着湖面上的餐叉，遥相呼应。这个场景不由让人想起卓别林晚年在这个地方生活了25年，也许他也曾经真的像这样坐在这里看过湖景；而湖中的叉子也让人想起他的经典作品《淘金记》中的

"面包叉子舞"。像这样用众所周知的形象来创作，能够让人会心一笑，同时也记住这座小镇的故事的艺术点缀和传承，回忆和幸福感油然而生，怎能不让人舒心？

我们的城市街头其实也有不少雕塑和装置，它们也的确充满喜感和现代感，有些也有文化传承和回忆，但是能够和周围环境相呼应的，能够让人会心一笑的却不多。在上海不断国际化的过程中，市民对于艺术的敏感度也在逐步提高，正因如此，就更需要合适的公共艺术来引导，来舒缓快节奏生活和拥挤的空间带来的压力。在我们设置公共艺术时，还请多以"幸福"为标准思考更多。

"恶搞"有度

2014年10月25日

如今看看网络，还真是"恶搞"成风，几乎什么事情都能被"恶搞"，很多人都把"恶搞"当成创意的代名词，在我看来，两者并不能完全划等号，"恶搞"一旦过头就不再是有创意的。"恶搞"其实恰恰反映出现代人对现实生活、传统历史等各方面的一种质疑，甚至有时候有些挑衅成分在，在艺术中也同样如此，比如杜尚老早就恶搞过蒙娜丽莎，而如今"恶搞"已经成为普通人都会玩的一种幽默和创意。

就像讲述古代故事的电视剧，尤其是历史剧，诚然会有"戏说"成分，但如今真是被"恶搞"得看不见一点历史的原貌。且不说毫无根据瞎编乱造的剧情，古装戏应该对应设定朝代的服饰、建筑、用语、礼仪等细节几乎都是错漏百出，有些甚至只是披着古装外衣的时尚浪漫爱情片，实在令人不敢恭维。回想87版《红楼梦》当时虽然没有完美的化妆和服饰，但却靠着制作考究的剧本和演员们的用心演绎成就了不可超越的经典。且不说演员演技，就说构思故事当时就请了周汝昌、王蒙、周岭、曹禺等多位红学家参与制作。

如今，台北故宫的"恶搞"产品——"朕知道了"胶带和"坠马髻颈枕"也是展现了台湾人一贯的调侃风格，但却让人感觉是无伤大雅的，贴上"朕知道了"就仿佛也有大权在握的感觉，用着"坠马髻颈枕"还能随时体验一下汉唐美女的造型，搞笑之余，也记住了历史的一部分。这样的想法很有创意，因为这样的产品绝不会让你产生反感，在十足的娱乐性背后，我们看到的是传播传统文化知识的用心。相比之下，国内许许多多历史文化中有的就在刻板的展示方式中被人忽视，有的却被糟糕的"创意"变得雷人，要做到"恶搞"有度，而不是"恶搞"有毒，还需要更多地考虑到老百姓能收获到什么。不要变成"戏说"有毒就好。

优化"历史"

2014年10月25日

　　库哈斯用我行我素的方式完成了康奈尔大学这处"螺蛳壳"里的道场，我行我素地用了钢、玻璃、水泥这些流行的材料，配合砖、石、瓦，让新旧并置且不显突兀，全赖巧妙的设计，米尔斯坦因馆的功能流线与斯伯利馆、朗德馆顺畅对接并转换。

　　正因为这一大胆的设计赢得了世界各地的人们纷纷点赞，所以它的建造过程被学院如实记录下来，全套施工图纸被放在图书馆的大厅里供同学们自由浏览。

　　历史保护与功能优化看似一对矛盾，像库哈斯这样处理得好就成了艺术风景。这让我想起了他的波尔多住宅：那是一座为轮椅人士设计的房子，房子位于波尔多市郊一处能俯瞰全市的小山坡上；房子底层有两个入口，一个入口可通过一条洞穴般的通道直上屋顶平台，这条通道使用混凝土模具浇筑；房子里的物理主角是升降机，顶端的方形平台上安装了主人的书桌，按钮轻轻一按，一楼到三楼升降随心而为；三层的房子采用水平线条层层叠加，第三层混凝土体向外悬挑，整栋建筑顿时有了欲飞的姿态，悬浮的感觉，亲和山体的态度；地面用不太光滑的铝板覆盖，使得三面玻璃墙射进来的光线更加明亮；巨大的圆柱体是旋转楼梯,同时承担了结构支撑作用;在这里,墙上的窗变成了一个个圆圆的洞,仿佛鱼吐出的串串气泡;在这里,墙变身成了一览无余的玻璃,让对面的绿树看过来。

  因为把轮椅人士从老房子的生活不便中解放出来,重新定义了艺术气息浓厚的品质生活,因此,1998年建成的波尔多住宅三年后就被法国政府列为"法国国家建筑遗产",这就是建筑正在发生历史的典范。

时时有"商"

2014 年 11 月 01 日

谈到时尚，就不得不提到商业，时尚模式的转变也和商业模式变化进步息息相关。作为一座多元化大都市，上海的时尚力在世界范围内都很有名气，很关键的原因之一就是上海强大的商业力量，市场的不断成熟让上海"时尚之都"的地位越来越高，创意也在不断萌生，让整个上海充满生命力。

今年的世界城市文化论坛上，能抓到的时尚关键词是文化和经济。伦敦艺术大学时尚学院新闻 MA 主任安德鲁·塔克（Andrew Tucker）发言中提到："为什么上海有这么大的潜力，跟其他的亚洲城市相比，可以最终成为一个最关键的时尚之都呢？最关键的一点是中国最好的零售就在上海。"他提到，英国伦敦是典型的时尚之都，它同样也是一个文化创意和零售中心，在这样的环境下，如果想成为一个时尚设计师，要开自己的门店，只需要经受很少的一些文书的工作，只需简练的程序就可以设立这样一家公司。这样便利的条件给予时尚创意无限的自由，发挥空间很大，这也是越来越多外国设计师青睐上海的原因之一。上海还在制造业方面比伦敦更有优势，设计师要制造衣服做成零售可以接受的价格，能够在周边找到合适的制造厂家来支持，充分的去利用制造业的机会，也是上海时尚市场的巨大优势。

如今我们已处在美学经济时代，市场越发成熟，让上海能够满足消费者日渐个性化的需求，使得更多定制模式的创意得到发展。上海未来要提高城市时尚力，还需要更多创新，因为消费者需要更多侧重于美学、情感与价值观的时尚产品，这说到底，还是要考虑到城市的文化因素。不管商业化程度如何，消费者对于时尚的需求，始终需要以能够认同的文化为基础，在此之上的创意才能更好满足新一代消费者的情感需求。比如每隔一段时间就会发生的复古热潮，这就是对文化中传统历史的追溯并创新，同样的元素也可以一次次产生全新的概念。

诚然，商业市场是推动时尚发展不可或缺的重要因素，但归根到底，通过市场传递出来的时尚信息最终还是服务于人的生活，利用商业市场让上海未来的时尚具有更多传统文化元素，并在其中找到上海的个性，必然是最时尚的。

"秀"也良心

2014 年 11 月 08 日

架上艺术不仅可以在美术馆陈列，也能走进公共空间，这个想法很好，但关键在于怎么去实现。这次浦东嘉里中心的加拿大"EN MASSE 组合"涂鸦动漫展以表演的形式展现绘画的魅力，它受到很多观众喜爱背后，其实就能给出很多提示和警告。

这并非架上艺术走进公共空间的特例，国内也有过将绘画刊登在广告牌、电子屏幕上之类的"作秀"，只可惜给人看到的不是艺术的传递，而是让人看到了不惜代价厚着脸皮博出名，其内涵根本就与艺术本身无关，这份"哪怕所有人都在面前批评我也毫不在乎"毫无下限的做法也真是让业内外人士连连摇头。回过头想想，如今大家记得的恐怕都是那份毫不掩饰的"博出名"，而丝毫不记得当初放在广告牌上的究竟是什么了。

诚然，艺术大多都有一点"作秀"成分在，就像"EN MASSE 组合"的表演也是一种"秀"，关键在于"秀"是否超过了人们观赏、理解的底线，是否符合观众对艺术的认可。他们的表演以互动的方式，让人不仅能看"秀"，还能通过观众亲自动手进行思考。我们所需要的架上艺术走进公共空间不是单纯地做广告，更不是某些艺术家为了钱、为了名利而作的"秀",我们需要的是将更多好的作品,尤其是一些默默无名的艺术家作品让更多人有机会熟悉和接触。很多艺术家并不出名,甚至到了80多岁也很少展出作品,但作品的价值其实远远高于某些热衷炒作的所谓高价作品、甚至号称是天价作品。

  除了艺术家自身,媒体在其中又是什么态度呢?在这些"下三滥"作品被炒作为天价商品背后,也离不开某些媒体的"捧作",而且基本上是超过了人们底线的。原本,秉着客观公正的态度实话实说是媒体的职责,如今又有多少在利益诱惑下从良心"倒戈"向黑心了?很多好的作品只是缺少平台展示,公共空间如果能更多被利用起来,对于老百姓来说也是好事。媒体对公众应该负责,帮助老百姓认真筛选出观众看了舒心的艺术作品,客观评价才是。

  我不禁想到今年即将开幕的上海艺博会,展现的多是架上艺术,对艺术商品的流通而言无疑是福音,但真正的艺术更要有高昂的艺术品质,但愿这"会"切莫成为一场艺术"大杂烩"。

着什么"急"

2014年11月15日

　　艺博会要结束了,今年展可谓人气不错,有少数人冲着高价作品而去,更多人是为"价廉"作品而观望。如今国内的艺术拍卖市场各种"天价地价"满天飞,着实让人看了眼花心也"花",不仅为价钱的创奇迹、创新高,更为将商业目的放在首位的做法感到"闹猛"。今年艺博会主题为"收藏就是时尚",这句与艺术走向无甚关系的主题更是把收藏排在首位,这背后关键还是为了推动艺术市场。

　　其实国内大多数艺博会的现状都大同小异,艺术作品价成"宝塔形"已经好多年了,无论是参展方还是入场观众,大家关心的都是"卖",一场展出的重头戏往往就是那些金钱价值高的艺术商品。虽说商品的价值与其艺术价值有一定的关系,但这两者绝不是画等号的,一位美术专业记者调侃:"艺博会就是着急",大家盯着价格,"红点点"现象多了和少了,都反映出了炒作方的精神游戏。

　　艺术收藏本身的确是一种时尚,但很多人往往曲解了收藏的实质,忽略了收藏之前必须有的艺术评判力,而这正是目前很多"土豪"收藏家的软肋。一些天价作品的艺术水准和国际地位都被商家和某些评论家刻意夸大,如果收藏者本身对艺术并不了解,难道低价作品就不容易被"忽悠"？据了解，这两年以写实油画为主的拍卖天价吸收了中国新兴艺术资本八成左右的资金，高达几十亿，这样的市场结构的确是有点畸形。

相比之下，国内很多低调的艺术家作品相当优秀，不少国外收藏家每年都爱到中国收藏这些具有中国特有思考的艺术作品，只是那些艺术家本身不高调罢了。比起"天价"，这些好作品真算得上"白菜价"，而且未来的潜力也不可估量，若艺术博览会能多挖掘这样的作品让其有机会登场，或许才能走出属于有远见的中国式收藏道路，让国内艺术市场发扬踔厉，而非"烂商"。

不够到位

2014年11月29日

在2010世博会结束时，我曾经建议上海应该设计一张像样的中英文对照的"美术地图"，应当连接起美术馆、博物馆、创意园、名家旧居、美术院校以及重大艺术事件的发生地，让人能够按图索骥，更好地了解上海的文化和艺术内涵。作为中国近现代美术发祥地的上海，其美术地图的规划和研究，印记着历史文化建筑和社会的规划保护，背后更是涉及到上海城市文化的定位和建设。这个提议陆续得到了许多读者呼应，近年来呼吁声更是越来越高，然而至今还未能看到这样一张"美术地图"成形。

最近，浦江两岸的美术馆体系越发丰富成熟，原世博会法国馆已改建成21世纪民生美术馆，而在即将建成的"上海中心"也即将有著名收藏家马未都打造的观复博物馆入驻。尽管美术馆越来越多，各类艺术展出也缤纷不断，但是每天我们还是会看到一拨接着一拨大巴载着满满的国内游客和外宾游客奔向拥挤不堪的外滩，给游客两三小时在这里和两岸建筑合影，却很少看见他们顺便参观一下附近的艺术展览馆，人们看美景还来不及，哪有功夫去了解上海的文艺内涵？但我相信，并非所有游客都不愿意参观美术馆，那些文化人和文艺青年不但喜欢景观，更喜欢美景背后的文艺内涵，可惜他们缺少的就是一份内行的美术攻略。做不到在细枝末节处体现人性化的引导和服务，这与上海国际大都市形象是截然不符的。

迟迟不能完成"美术地图"，究竟是因为资金上有困难还是相关专业机构没有真正用心思为老百姓着想？其实做好"美术地图"非但不"烧钱"，反而很"值钱"，除了提供上海的文艺信息地图，完全还可以将其放到地铁、火车站等人流密集处免费提供，起到广告投放的作用，足以收回成本。如果有便利的地图引导，老百姓就可以知道哪里可以享受艺术，感兴趣的人自然会愿意走进艺术天地。就像曾有人提倡要有"厕所地图"一样，面对众多流动人口，在厕所设计和布局原本就不完善的情况下，提供人性化的服务就显得更加有必要，但现状却是厕所落后，地图更落后。

对于城市规划和设计，人性化是至关重要的考量项目之一，尤其上海的城市品质更需要体现在这样深层次的设计中，还希望专业机构也好，政府部门也罢，用更多心思来为老百姓服务，为上海的文化形象加分。

再贴近点

2014 年 12 月 06 日

　　城市设计与规划需要更多文化力量来渗透，这是毋庸置疑的，这话每年也在各种开幕式和论坛上听到，但是我们真正做到了吗？先说当代艺术的介入，我们现在能在不少繁华商圈范围内看到一些雕塑装置布置在那里，其中也不乏名家名作；我们也能接触到很多艺术展出，国内外艺术家总是很青睐于上海。然而，即便在这样的大环境下，还是有不少人提出，当代艺术，尤其是进入 21 世纪以来，就逐渐有与社会"脱轨"的态势，为什么？原因当然相当复杂，有艺术家创作心态，也有观众心态变化等等，但很关键的是这些被批评的设计往往是远离生活、远离社会的。

　　上海在艺术设计上的投入不小，是用了心的，但是却不够细致，还做不到细节也不放过。艺术设计的好坏没有固定标准，但放到不同环境中就需要思考更周虑。就说世博园区留下的展馆规划，利用好世博园区的地理优势其实可以打造出很有针对性的城市艺术区域。比如以浦江两岸的中华艺术宫、上海当代艺术博物馆为中心，以艺术为主题辐射向周围展馆，不仅有艺术展出，还更加突出城市文化品牌打造，让本地老百姓也好，国内外游客也好，都知道原来的"世博园"变成了"艺术园"，不是很有利吗？我们对于这样的"主题公园"模式的认识还停留在迪士尼乐园这样的游乐园上,其实这其中也是大有文章的,迪士尼能红遍全球背后有着非常完善的一套文化机制,这正是我们所欠缺的设计力。尽管上海有着丰富的城市资源和各种文化标志,而真正能帮助人们了解"海派文化"的城市设计却还未见到,还需要决策者和设计者共同探讨,观察更细致,利用好现有的资源,把上海的城市招牌打造得更贴近生活!

艺术"戏份"

2014 年 12 月 13 日

　　这次科普博览会让每一位观者都被科技的强大热浪狠狠"撞"了一把。以往形象神秘的科学技术走出"深宫"出巡，走到了市民中间了。

　　这是件很好的事情，因为科技不都是为了让人们生活更加便利、更加美好而不断进步的吗？走到市民中的智能产品，我们当然欢迎。产品再有创意，百姓不会用、用不起，那么再高级的科技也终究留有遗憾。我们要打造的智慧城市肯定首先就是需要市民能够参与进来。而这次展览上的科普产品，亲民的价格真不多见，尽管展会上人头攒动，甚至为了参观某些设计而大排长龙，但大部分人还是看看稀奇就走人了。

　　要让老百姓不是图个新鲜就走，值不值得多看看就是艺术的"戏份"了。回想一下，哪些是您不忍离去的美感区域？遗憾地说，展出中充满美感的精彩设计真不多。尽管功能很重要，但要称得上智慧产品的最大特点是设计艺术挥洒得恰恰好，叫你欲去而不离。

　　美国著名的的 IDEA 奖一样囊括了工业界的所有领域。每年的作品不仅包括工业产品，还包括包装、软件、展示设计、概念设计等等，该奖项直接将设计产品的创新性、环保、用户价值、生态学原理、美观及视觉上的吸引作为评判的标准。今年获得金奖的 27 个项目可谓是个个叫人爱不释手。而我们对科普产品设计却还不够重视。

听说清华大学美术学院开始招收科普产品设计方向的硕士，说明科技的艺术设计也开始得到关注了。但愿他们快一点在科普产品中注入设计艺术的"戏份"，让我们从"科技便利生活"走向真正的"智慧改变生活"。

一步之遥

2015 年 01 月 10 日

在新一年展开之际回顾过去的一年,不仅是对过去的一种总结,更是为下一年做好铺垫,套用最近热门电影的名字,去年到今年、今年到明年都是"一步之遥",或许相差一年我对艺术的思考并没有大不同,却一定会有不一样的观感,就是这么不远不近的一点点差别,促使着艺术不断发生和改变。

2014 年,国内外大事不少,而我写的小言论所关心的更多是和普通百姓息息相关的那些有"艺思"的事。从公共艺术、创意设计、环境雕塑、文物保护、美术教育、绘画创作,到各类艺术与社会事件中折射出社会焦点等等,都是我们的城市发展中的新鲜话题。在过去一年的大美术评论策划中,我着眼于对正在发生的艺术现象进行点评、分析,从艺术角度展望城市发展,关心有关老百姓的具体细节,无论是国内还是海外,我所强调的始终是"亲民"二字。艺术的作用在城市精神文明建设中越发显得重要,无论是提升市民审美品位,还是提高公众素质修养,艺术的作用都是巨大的。艺术正在飞入寻常百姓家,但与百姓还差"一步之遥",希望来年通过自己的思考与大家一同参与探讨城市需要怎样的艺术,艺术能为城市做什么。

较真细节

2015 年 01 月 17 日

近几年来，对于环境艺术的重视越发明显，越来越多人意识到环境艺术对于城市建设的重要性，不过，对于环境对作品本身的需求，似乎还有点马虎。我们目前还缺了点敢于为细节较真的执着，还需要营造一种创造、重视、维持细节的环境。从现在开始，在艺术上加以体现，让人更能感受到艺术其实是和身边生活息息相关的。

懂得把握细节、维持细节，关键还是要从人的观念开始改变，这才是根本，否则表面上做得再多也很难坚持下去。对于公共雕塑来说，和环境之间的相互作用是否良好就是一种细节营造，要把握好这其中的"度"必须看细节上是否考虑周到。作为国际大都市，我们不缺好的公共艺术作品，但对环境的衬托还缺了点细节的规划，以及耐心的设计，因此有些雕塑虽然好，但融入性上还不够。之所以强调"舒服"，是因为环境艺术对老百姓来说具有一定的强制观赏性，毕竟公共雕塑就这么摆在街头显眼的位置，走过路过总要看几眼，如果看着不够舒服，那就不完美了。

关键是人

2015 年 01 月 24 日

博物馆靠什么吸引人？这个问题以前也提过，博物馆展品质量肯定重要，怎样布展、策展更不能忽视，如何运营管理当然也少不了，但至关重要的还是人。说到底，博物馆是为人服务的，而提供服务最重要的也是人，不管科技再怎么先进，展示效果再怎么好，如果缺少了人性化服务，就如同画好了龙却还没落下点睛之笔，不够到位。

记得前年，我曾到访河南安阳中国文字博物馆，参观过程中，馆内一位相当年迈的工作人员看到我脖子上挂着摄像机，就走过来劝阻摄影。整个过程，他都面带微笑，他见我看得很认真，亲切地问："你是否需要帮助？是否需要我为你做一些讲解吗？"原本可能会令人有些尴尬的劝阻场景，却顿时让我感到浑身暖暖的，为他的贴心而有些感动。我也礼貌地回答他："我自己静静地看就好。"这件事虽小，却令我难忘。人与人之间的真诚是互动的，当博物馆尽全力为观众提供各类细腻服务时，观众的一个微笑、一句赞美，就是最好的尊重表达。

博物馆员工因工作能够和艺术品有更多机会接触，对于他们而言，工作内容难免单调枯燥，但也有可为之处，他们肩负着将艺术品的魅力展现给观众的职责，如果对工作缺少热情,自然无法给前来参观的观众带来更多满足感。尽管我们一直呼吁博物馆要给公众艺术教育和艺术解释,但也不能忽视博物馆员工在其中起到的关键作用。博物馆员工的服务越细致周到,观众自然也就越愿意进来参观。

智慧标志

2015 年 01 月 24 日

何谓"智慧"艺术？广义地说，所有的艺术形式当然都是智慧的。但基于科技的进步与不断发明，我们指的"智慧"艺术应该是新技术应用条件下的艺术新形式，如机器人艺术、灯光艺术、地景艺术等等。

比如 4D 灯光艺术，最近在很多城市都很火，但都还处在探索尝试阶段，尚未形成叫得响的品牌；比如电子艺术，因为科技的迅猛发展，呈现出的颠覆性的势头越来越强劲，关键是它还让原本小众的艺术逐步大众化、草根化。顺应这一潮流，上海在 2007 年设立了电子艺术节，决心用全新、独立的审美姿态，加入当今世界创意设计领域的"核心竞赛"。

地景艺术当然也是突破的方向之一。地景艺术是大地艺术、环境艺术，但它又不同。上世纪 70 年代，美国许多画家、雕塑家跑到户外，开始探求艺术创作材料的平等化和无限化，试图打破艺术与生活的界限。这些艺术家反对艺术作品的买卖行为，主张艺术作品应该走入生活里。于是，艺术家以大地为画布，展现对自然的浪漫情怀；或者在自然中延伸内在空间，仿佛回到远古的自然神秘崇拜。像克里斯托的"被包装的议会"、"雨伞"系列地景艺则是其中的佼佼者了。其实，在上海地景艺术同样大有涌现标志物的潜力，像广阔的水岸，可否利用潮汐浪涌而创作"大地作品"，可否利用高楼充分展现灯光电子化的魅力？上海中心的超大屏幕想必会出彩并成为新的城市艺术"标志"。

"翻牌"以后

2015年01月31日

去年11月,上海市文化创意产业推进领导小组办公室召开会议,对18家曾同时获得过市委宣传部和市经信委授牌的文化产业园区和创意产业集聚区首批进行"翻牌",由市文创办统一授予上海文化创意产业园称号。合并"翻牌"出现,证明了上海这座"设计之都"在创意产业聚集区的发展已经较为成熟,变得更加重视"质"的突破。

能被誉为"设计之都",也足以证明上海在设计创意方面在国际上已取得一定地位,但能够从创意园区里飞出的"金凤凰"品牌却不多,足以在国际站稳脚步的设计公司、事务所还不多。尽管目前已有近百家创意产业集聚区,但利用园区聚集力集中定位发展完整产业链的经验还有所欠缺。比如著名的伦敦西区延续了20世纪30年代格局至今,靠得不是多样化、现代化的新兴产业,而是利用西区剧院众多的特色,直接将这个创意产业区打造成为剧院相关的文化产业聚集区,打造出"西区剧院"这个金字招牌。伦敦西区不仅受到政府资助,更是利用其管理、拥有或使用的49家会员剧院错层发展,按照观众席规模、上演剧目类型等,有条不紊地安排演出。另外,他们注重受众群体的培育。由于戏剧拥有相对固定的观众,比如音乐剧的观众多是外地游客，而话剧、歌剧和芭蕾舞等则以伦敦本地人群为主。西区在有限的地理空间内，为观众提供了多样性的选择，以成熟的创意产业链的优势吸引庞大的观众群和消费群，产生良好的经济效益。

　　上海的创意园区发展也有十几年经验了，有了一定基础后，要打造出像"西区剧院"这样的"金凤凰"品牌还需要更多细节上的推敲。合并"翻牌"也许意味着创意园区集中打造品牌的意识在提高，找准定位、完善创意产业链还需要更多学习和创新。

"慢"也厉害

2015 年 02 月 07 日

　　前两天，有朋友带我去看他珍藏多年的宝贝乌木，他说那些"柴片"尽管现在看起来不起眼，但却是他多年累积才有的成果，等经过艺术大师加工雕刻成作品后保证美得惊人。尽管我不太懂木料，但谁都知道乌木的珍贵，这种要埋在淤泥下经过成千上万年碳化过程才能形成的"东方神木"，简直是用一点少一点。我不禁想到，乌木不正是贵在一个"慢"字上吗？很多好东西的产生都需要这样"慢慢"来，不光是自然产物，有时人也需要"慢"一点。

　　上周，女儿就读的悉尼大学来了几个交流生，他们到上海外国语大学学习汉语，女儿特地嘱咐我尽快帮这些小"老外"请一个太极拳老师和一个水墨画老师，因为他们要学中国传统文化。我有些意外，澳大利亚的孩子居然要学太极拳和水墨画？于是我询问小"老外"们原因，他们回答说早就对太极和水墨艺术有兴趣，想学太极慢拳领悟中国传统道家思想，还要学习水墨画了解中国传统艺术。其中一个还头头是道地说："太极拳很慢，但越慢越厉害，学了太极拳才能知道中国文化的深度。"我既惊讶于他们对中国文化了解不少，更惊讶于他们小小年纪居然就懂得"慢"的好处。联想到这两年，身边年轻人也有不少学"太极"，大概也是太极的"慢"让他们有更能沉静下来的缘故。一边慢慢运动，一边发发小呆、放放空，其实也是快节奏生活中的小"奢侈"了吧？

如今，社会发展是"快节奏"的，但有时候用"慢节奏"调剂一下也挺好。至少试着让自己脚步放慢点，思考更完美一点、周到一点，也许就有更多创意能走出狭隘地域范围，走向世界。

尝新时代

2015 年 02 月 28 日

　　按中国年历，2015 年才刚刚开始，但国际上值得期待的设计盛宴早已陆续被端上了桌，等待着大家一起享受新一波潮流。我们不仅要凑热闹，也要思考这些五花八门的展览能产生什么样的价值？作为新时代的观众，我们能从中得到什么可供参考的见解？

　　进入 21 世纪以后，我们的生活方式、审美品位等精神需求都随着科技的进步而快速变化着，可以说我们对于设计有更高要求，这也使得新型年代下的设计需要更精致、更耐看、更有深度。每年独占鳌头的顶级设计固然精彩，名设计师的理念往往时尚超前，充满个性，然而动辄上万的价格也往往随之而来，也因此让民众望而却步，毕竟设计再棒，也要用得起。那么问题来了，是否好的创意就一定成本高呢？我想，每年世界各地举办的这些精彩的设计展中，就能给予提示。

　　英国 Dezeen 杂志官网列出的 2015 年 10 个值得期待的建筑与设计展览涉及范围很广泛，风格也大相径庭，显示出不同地区、不同设计师的个性，可谓百花齐放。就以建筑为例，作为城市规划中非常重要的一项，建筑的设计是一门复杂的艺术，关系到城市形象。在这些国际设计展中，我们能够看到设计师非常个性化、现代化的表现，比如后现代主义展，也可以在"独立的建筑：非洲现代主义"看到不同国家反映在建筑上的时代风格。这其中，既有百花齐放，又有风格统一，无疑能给我们的城市设计提供不同的样板来借鉴和反思。尽管西方有名的设计师更爱展现个性，但如美国、加拿大以及欧洲许多国家的建筑还是以较为统一的风格为主，正是基于这样的统一，才能更好地体现出城市独有的文化风貌。

　　大到一个国家小到一座城市亦是如此，城市规划是一种复杂的逻辑性心理方式，每个人对城市设计的肯定或否定都是基于自己的逻辑，也就是所谓的众口难调，城市规划应该百花齐放还是整齐统一，并没有绝对的标准，不存在对错。城市设计的逻辑应该从什么方向走？城市符号要怎样表现？这些问题的答案在不断变化的时代中也在不断更新，西方城市的统一规格或许能为我们所借鉴，但百花齐放的时尚个性也未尝不能成为我们的城市特色。多看看不同风格的设计展，我们才能有更广阔的眼界，才能在这个计划赶不上变化的新时代，走出自己的城市特色。

"年味"求新

2015年03月07日

　　如今的春晚不流行大手笔、大制作，而是倡导节俭办春晚，这不仅意味着每一分投入都要用在刀刃上，来保证表演质量，也意味着舞台的推陈出新更需要艺术创意的"金点子"。

　　每年的表演，小品、相声、歌曲、舞蹈等大类都不可少，要玩出新意除了表演内容与时俱进，舞台技术的革新自然也少不了，要真正能打动人，还需要编导用心考虑观众的口味如何。要做到人人叫好显然很难，毕竟众口难调，但是在视觉效果上营造地更艺术、更精致、更细腻，恐怕没人会不喜欢。作为最重要的节日庆典，春晚要如何体现中国文化的传统与现代、继承与发展，无疑是每年都会出现的课题，要保证春晚舞台上的"中国味"不但年年有，而且年年新，就要考验编导们了。就像今年李宇春唱着曲风复古的《蜀绣》，却利用全息技术舞出现代感，让人印象深刻。有了日新月异的舞台技术，还需有推陈出新的巧妙设计跟上才行。

旧汤新药

2015 年 03 月 14 日

  在美术馆展出公共空间作品的做法其实不常见，因为公共艺术很多都是依托其所处环境而设计的，脱离了公共环境，很可能让人看了一头雾水，反而失去魅力。但这并不表示美术馆就不能以公共空间为题策展，中华艺术宫展出的西班牙艺术家戈勃朗作品正是这样一组有意思的空间艺术作品，它们能很好地适应不同展示环境，带给人不同思考。

  这场展出让我意识到，其实城市公共空间艺术可以有更多的生存空间，不过这离不开设计者和策划者的用心策划。这样一组十件，色彩艳丽、造型抽象、略显夸张的雕塑作品，在中华艺术宫大红色的建筑背景下，显得很有活力，当它们远离了大广场的人来人往，少了驻足观看的路人，却多了驻足思考的参观者。在美术馆的环境中，观众既对作品本身的艺术感染力更加关注，也能从不一样的角度来思考城市公共艺术需要什么。以这种形式展出公共艺术作品，套句俗话贬为褒用叫"换汤不换药"，这样的形式并不坏，至少当我看到这场展出时，的确思考了很多问题：这些作品适合广场、小区还是路口，如果放置到商场内能产生怎样的解读……同一件作品，就更能对比出环境的重要性，一样的"汤"放在不一样的"药"里，我们才能看到更多可能性。

骨子里"精"

2015 年 03 月 21 日

中国制造在世界设计奖项中获奖已不是新鲜事，我们在喜悦之余，还是要向更高水平再进步，要想更上一层楼，缺的不是设计的灵感，而是设计的精细。可以说，在设计的艺术上永远不存在"吹毛求疵"一说，因为可能再多想想，就能呈现出更出色的设计来。今年 iF 奖中获奖的一款小金鱼茶包，原理非常简单，使用也很便利，只要放入杯子里，就能看到一条小金鱼在里面"游动"，既美观又生动。这样的产品谈不上技术含量有多高，但是如何加入这样贴心的小趣味，背后是设计者更多地考虑到使用者的感受，以及怎样的大小才既美观又不妨碍使用等问题，细节到位了，人们才会打心眼里喜欢。

要注意的是，千万不要把创意设计佳作和恶趣味产品挂上钩，一些哗众取宠却令人反感的"歪脑筋"并非追求细节，而是对产品内涵的肤浅化理解，这样的产品缺乏积极正面的引导力，并不可取。要准确把握两者之间的差异，就需要从文化内涵角度深入思考，这也是一种细节的把握，在这个文化驳杂的时代更显得必不可少。只有骨子里也精细的设计才能得人心。

灵感诗学

2015 年 04 月 18 日

  伦佐·皮亚诺给我们最大的启发在于他能够在现代建筑之中，充分融入艺术、哲学、美学等多样元素，将建筑融入环境，而这一点也是我们城市发展最需要的。皮亚诺的这种表现被称为"灵感的诗学"，在他的设计中，我们可以看到概念艺术所具有的无限可能，他的理念作用到不同环境中，所呈现出来的建筑样态灵活多变，而其根本却是有共性的，那就是"科技与人文并重"。

  他的设计之所以被称为新型建筑，不仅因为他用材上有创新，更因为他擅长在视觉和建筑语言上体现出一种人文关怀：关注人、关注环境，两者缺一不可。皮亚诺的设计不仅在概念上有所创新，在实际操作上也很容易让观众享受，整个建造过程就是真实的美学范例。我们经常强调，艺术需要文化根底，建筑作为城市必不可缺的元素，更需要与城市文化一脉相承，有继承有发展，才谈得上可持续。皮亚诺的"灵感诗学"没有固定样态，给我们更多的是一种启发，建筑的灵感应当源自对于城市内涵的了解，是有的放矢的创新，不是天马行空的想象。上海是一座充满灵气的城市，我们对建筑的要求也需要"灵感诗学"，来让城市文化扎根其中。

请走出来

2015年05月02日

作为特殊劳动者,艺术家们为历史、为未来奉献精品,都是使命感的体现方式。

中国美院的一群艺术家们走出了画室、工作室,他们用艺术服务我们的城市,点亮我们的平常日子。同时,这也给我们这些长期从事地下空间建设研究的人很多启示:既然身边就有那么多资源,就该多加利用起来,让更多艺术人才走出来。

每座大城市都有不少艺术院校,这些师生的力量正适合公共空间艺术这样范围广、发挥空间大的创作活动,他们可以集体或个人创作一些为城市量身定做的雕塑、装置、绘画乃至更多形式的作品。同时,这些工作也给了艺术工作者们更多、更广泛的机会走出画室、教室,这不但能美化我们的环境,提升城市艺术品位,更是很好的锻炼机会,让艺术人才更多地接触社会。像杭州地铁一号线这样的艺术环境,毫无疑问成为了提升城市艺术品质、增强城市软实力的厚重砝码。

点赞中国美院的艺术家们,为我们的城市而奉献,当然是新时代"美的劳动者"。我还希望更多的"美的劳动者"加入"让城市环境艺术美起来"的队伍:艺术家真的可以打造一座真正艺术的城市。

好好"妆扮"

2015年05月16日

百水，一个圈内名头响当当的设计艺术家。他设计的建筑带有强烈的装饰艺术风格：抽象的如梦境一般的画面、明亮艳丽的色彩。如今，他将他的童话世界"盖在"垃圾焚烧厂上，用活泼无害的形象为垃圾焚烧厂改变了景象。

当年，维也纳市长慕名邀请他设计施比特劳垃圾处理厂，再三恳请，而且保证将用最严格的环保技术实现处理厂的环境友好，百水最后才答应。百水首先认可了垃圾焚烧厂的环保性，才愿意动手设计，也是对自己的设计有着严格的自律精神，正因如此，他才能放心地在此发挥创意和想象，才能让建筑美起来。

从另一方面看，愿意花力气请大师来设计一座垃圾焚烧厂的外观，也是城市决策者的英明之处。原本总是被排除在城市美观之外的垃圾焚烧厂并非不能美化，而是看有没有用心去做。外观设计"妆扮"精致了，其实也在视觉上达到了"环保"，让人看得舒服了，也能让市民在心理上更能接受它的存在。相信百水的设计也能给我们的城市规划一些启示，垃圾焚烧厂的功能和外在都该更"环保"。

把握尺度

2015年06月13日

曾经有个朋友去参观某家博物馆，回来以后我问他："今天看了些什么？"他想了半天，居然回答我："在里面喝了杯咖啡，挺不错。"乍一听，有些哭笑不得，不过细想一下，这恐怕也是不少博物馆的困惑：原本使尽招数想把人吸引进来，结果却让延伸服务抢尽了风头，反而让展出的内容成了陪衬。联想到国务院新通过的《博物馆条例》，强调了博物馆的"教育、研究和欣赏目的"，博物馆的娱乐化、休闲化措施是否该定一个可以把握分寸的尺度？

设置餐厅、咖啡馆，开设儿童活动项目等，无疑是博物馆创收的来源，但如果把创收放在首位，就会让博物馆的性质变了样。从根本上来说，博物馆应该给人提供的是美育，人们在这里应该收获的是对文化和艺术的体会，过度休闲化、娱乐化，甚至商业化，不仅是对博物馆本身的不尊重，更是对老百姓的不负责。尽管博物馆所应当承担的文化传播功能确实需要一些多元化、人性化的手段来辅助，但最根本的美育功能应当要突出。还请博"物馆们"把握好尺度，千万不要本末倒置。

图书在版编目（CIP）数据

大"艺"思 / 黄伟明著 .—上海：上海书店出版社，2015.7
ISBN 978-7-5458-1060-8

Ⅰ.①大… Ⅱ.①黄… Ⅲ.①城市规划—建筑设计—研究 Ⅳ.① TU984.11

中国版本图书馆 CIP 数据核字（2015）第 108712 号

大"艺"思

责任编辑	彭亚星
出　　版	上海世纪出版股份有限公司上海书店出版社
	200001　上海福建中路 193 号　www.ewen.co
发　　行	中国图书进出口上海公司
版　　次	2015 年 7 月第一版
书　　号	ISBN 978-7-5458-1060-8 / TU・13

www.ingramcontent.com/pod-product-compliance
Lightning Source LLC
Chambersburg PA
CBHW050158230526
45470CB00001B/140